A MELHOR ESTRATÉGIA É ATITUDE: BORA VENDER

CARO LEITOR,
Queremos saber sua opinião
sobre nossos livros.
Após a leitura, curta-nos no
facebook/editoragentebr,
siga-nos no
Twitter @EditoraGente
e no Instagram @editoragente
e visite-nos no site
www.editoragente.com.br.

Cadastre-se e contribua com
sugestões, críticas ou elogios.
Boa leitura!

O EMPRESÁRIO QUE COMEÇOU
VENDENDO CARTÕES DE VISITA E
HOJE TRANSACIONA 1 BILHÃO DE
VENDAS PELA INTERNET

ALFREDO SOARES

A MELHOR ESTRATÉGIA É ATITUDE: BORA VENDER

BÔNUS: GUIA COM AS DICAS DE QUEM JÁ AJUDOU MAIS DE 100 MIL
EMPREENDEDORES A CRIAREM SUA LOJA VIRTUAL

Gente
editora

Diretora
Rosely Boschini

Gerente Editorial
Carolina Rocha

Assistente Editorial
Franciane Batagin Ribeiro

Controle de Produção
Fábio Esteves

Coordenador editorial
José Vicente

Capa, projeto gráfico e diagramação
Anderson Junqueira

Preparação
Mariane Genaro

Revisão
Olívia Tavares

Ilustração de capa e miolo
Artista plástico Sanches

Fotografia de contracapa
Everton Rosa

Impressão
Edições Loyola

Copyright © 2019 by Alfredo Soares
Todos os direitos desta edição são reservados à Editora Gente.
R. Dep. Lacerda Franco, 300 – Pinheiros
São Paulo, SP – CEP 05418-000
Telefone: (11) 3670-2500
Site:
www.editoragente.com.br
E-mail:
gente@editoragente.com.br

DADOS INTERNACIONAIS DE CATALOGAÇÃO NA PUBLICAÇÃO (CIP)
ANGÉLICA ILACQUA CRB-8/7057

Soares, Alfredo
  A melhor estratégia é atitude: BORA VENDER / Alfredo Soares. - São Paulo: Editora Gente, 2019.
  224 p.

ISBN 978-85-452-0321-6

1. Empreendedorismo 2. Negócios 3. Vendas 4. Sucesso nos negócios 5. Comércio eletrônico I. Título

19-0938   CDD 658.421

Índices para catálogo sistemático:
1. Empreendedorismo

Este livro é dedicado a todos os vendedores e àqueles que nunca venderam, aos comerciantes tradicionais, aos lojistas do futuro, a todos os empreendedores, sejam ou não o dono do negócio, mas àqueles que se dedicam para realmente fazer as coisas acontecerem.

Dedico este livro a você, leitor, porque como diz meu amigo e mentor Bruno Nardon, "não existe conforto na zona de crescimento, não existe crescimento na zona de conforto". Lembre-se de que você terá preguiça, as coisas vão dar errado, alguns dias você não vai querer se levantar da cama, mas o maior poder já comprovado no mundo é a persistência.

Eu não poderia perder a oportunidade de destacar o apoio da VTEX, Loja Integrada, Indeva, Biggy e dLieve, que apoiam o movimento BORAVENDER. Muito obrigado por acreditarem!

Neste livro, vou ensinar como você pode ter alguns insights como esse, criar novos canais de venda e o principal: como ter atitude. Bora!

AGRADECIMENTOS

Quero começar homenageando duas pessoas que sempre me ajudaram com o máximo que podiam, Adelaide Bertelli e Vilma Maia. Agradeço à maior paixão da minha vida, minha mãe, Vera Bertelli; ao cara responsável por me ensinar a ter atitude sem perder meus princípios e valores, meu pai, Alfredo Maia; à minha tia Sônia Maia, que sempre me apoiou como se fosse um filho; à minha tia Gracinha e ao meu tio Edgar Trindade, por me ajudarem com a hospedagem, comida e alguns outbacks quando precisava estar em São Paulo no início da minha carreira. Vocês são a base de tudo!

Agradeço aos meus sócios, Ricardo Oliveira e Jordão Bevilaqua, por acreditarem nas minhas loucuras e investirem nelas. Ao meu time, por todo suporte e parceria sempre para transformar ideias em objetivos e realizações.

Obrigado Geraldo Thomaz e Mariano Gomide, por confiarem e apostarem no meu trabalho; meus companheiros de VTEX que me receberam da melhor maneira possível, André Spolidoro, Gustavo Rios, Nubia Mota, Bernardo Lemgruber, Eder Paes, Filipe Belmont e Renato Fernandes; meus mentores e amigos, Tallis Gomes, Bruno Nardon, Amure Pinho e Rodrigo Cartacho, muito obrigado!

Algumas pessoas especiais que fazem parte desta jornada: Felipe Mello, Alexandre Feiglstorfer, João Gonçalves, Fabiano Norato, Rian Freire, Thiago Faria, Arthur Mascarenhas, Joyce Correa, Lincon Beraldo, Elias Júnior, Carla de Souza, José Rubens, Bruno Robert, Lucas Gorgulho, Ivo Tadeu, Thiago Concer, Raphael Lassance, Thiago Reis, Guilherme Machado, Dennis Penna, Yuri Renan, Rodrigo Soares, Juliana Ribeiro, Guilherme Capucci, Roberto Navarro, Vitor Carneiro Escocard, Thiago Verçosa, Thiago Sodré, Dr. Thiago Volpi, Raphael Farias e Pietra Kreisler. Agradeço à Endeavor, pela parceria e apoio sempre, ao incentivo e por conectar o ecossistema de empreendedores. Seu trabalho é muito importante para quem está crescendo rápido. E a José Vicente, Rony Meisler, Rafael Sanches, Everton Rosa e toda equipe da Editora Gente pela parceria neste projeto. À toda galera do Poker Máfia e Fight Club, os grupos de WhatsApp de empreendedores que estão sempre disponíveis ajudando uns aos outros.

Agradeço também aos meus amigos de infância, meus patos no Fifa que me ajudam a me distrair e desconectar nas horas difíceis, Nicolas Arantes, Guilherme Carvalho, Pedro Fioretti e Roualli Trindade. Não importa a frequência com a qual a gente se encontre, mas quão forte é a nossa amizade. Tamo junto sempre!

Muito obrigado ao Diogo Magalhães, da agência BORA VENDER, por ceder sua conta do Instagram (@boravender) para o projeto.

Um agradecimento especial as marcas que me apoiam: New Balance, Aramis, Reserva, Oficina, Barbearia Corleone, ArqExpress, Certisign, Tiny ERP, Herospark, E-commerce na Prática, Advice, Sanders, E-commerce Rocket, Jivochat, Kelly Brindes, Atende Simples, Rupee, Original.io, Club&Casa, Monte Bravo Investimentos, Don Alcides, Watts, Gracos Seguros, Bume, JR Contabilidade, Leadlovers, MVarandas, Instituto Coaching Financeiro, Olist, V4 Company, Exitoinf, Opah, Claro, Widmen e Post2b.

E a todos aqueles que me acompanham, torcem e me desafiam diariamente para dar o melhor de mim cada vez mais. Vocês são a energia diária para superar os desafios, aguentar as dificuldades e construir coisas novas.

SUMÁRIO

Prefácio
11

Apresentação
13

Introdução
17

1.
Arte ou habilidade, é necessário executar
24

2.
O primeiro passo é difícil, mas não impossível
42

3.
Todos somos vendedores
64

4.
Faça, erre, aprenda e refaça rápido
80

5.
O poder do marketing
94

6.
Pense grande e execute maior ainda
108

7.
Seu cliente é sua melhor mídia
124

8.
Uma estratégia para ser replicada
140

9.
Muito risco, pouco ego
166

10.
Empreender não é profissão, é um estado de espírito
182

BÔNUS
Guia para montar sua loja virtual de sucesso
204

Referências Bibliográficas
221

ESTE PREFÁCIO ESTÁ À VENDA

O MERCADO

No Brasil, existem mais vendedores do que funcionários públicos – e olha que nos consideramos um país em que muitas pessoas sonham com esse cargo. Porém, "Vou te mandar o currículo do meu filho. Ele faz tudo, mas pode até ser vendedor" é uma frase comum de ouvirmos em qualquer lugar.

No mesmo país em que o comércio varejista é o maior empregador (o mercado teve a maior alta de empregos em 2018 comparada aos 4 anos anteriores,[1] no momento de maior crise econômica), o vendedor tem vergonha de sua profissão. Costuma-se dizer "Ele está de vendedor" em vez de "Ele é vendedor".

O PRODUTO

Seria pouco reduzir o Alfredo à XTECH COMMERCE ou à VTEX. Seria raso perceber o Alfredo apenas como um jovem empresário brasileiro que vendeu o seu negócio por alguns milhões de reais.

O Alfredo é espelho. É o lugar para onde o vendedor deveria olhar quando quisesse se observar também como aquele que já nasce sendo empreendedor.

#BORAVENDER não é um movimento, um programa de rádio, tampouco uma hashtag ou um livro.

---

[1] ESTADÃO CONTEÚDO. *Comércio tem o maior número de vagas criadas em 4 anos.* São Paulo, 23 jan. 2019. Disponível em: <https://veja.abril.com.br/economia/comercio-tem-o-maior-numero-de-vagas-criadas-em-4-anos/>. Acesso em: 21 abr. 2019.

#BORAVENDER é uma surra de elevação de autoestima do vendedor. É a afirmação, por meio de exemplos mais do que práticos, da importância dessa arte que sem a qual o mundo em que vivemos não existiria.

#BORAVENDER é utilidade pública no sentido de que entrega propósito – e orgulho de ser e pertencer – a um profissional que trabalha de sol a sol, porta a porta, todos os dias para fazer nascer os grandes negócios e as maiores histórias de sucesso e transformação.

O NEGÓCIO

Se conselho é bom, o exemplo arrasta.

Se você apenas quer conselhos sobre como vender mais, não gaste dinheiro com este livro. Ele não foi escrito para você. O empresário e empreendedor que escreveu este livro acredita que vender, além de métricas, é experiência e encantamento.

O Brasil é um dos países mais hostis do mundo para se fazer negócios. Em um país como o nosso, quando não amamos o que fazemos desistimos após as primeiras quedas.

O bom vendedor não mente, portanto vou mandar a real para você: este livro foi escrito para gente que AMA e verdadeiramente se interessa por VENDAS, ele mostra que vender está em quase tudo que fazemos e todos somos obrigados a ser vendedores em algum momento.

Se esse for o seu caso, aí sim você não está comprando um produto. Está investindo em autoconhecimento e terá em sua cabeceira um amigo que lembrará você todos os dias de quanto orgulho deveria sentir ao se levantar cedo para ir trabalhar/vender.

Escrevi este prefácio para ser empolgante a ponto de você pegar o livro na prateleira da livraria e, enquanto o lesse, fosse concomitantemente andando para o caixa para comprá-lo.

Portanto, a esta altura, chega a hora de você fechar o livro e pagar. Pague-o, devore-o e, óbvio, *#BORAVENDER porraaaaa*!

— **Rony Meisler,** *fundador da Reserva e especialista em varejo omnichannel e construção de marcas*

P.S.: Já que é para vender, este é o primeiro livro-cupom da história da humanidade. Usando o cupom **BORAVENDER** no fechamento do pedido, você ganhará 10% de desconto nas compras em **usereserva.com**.

APRESENTAÇÃO
EMPREENDER É COISA PARA OBSTINADOS

Meus primeiros contatos com empreendedorismo e empreendedores aconteceram no início dos anos 1990, quando era repórter de alguns suplementos semanais da *Folha de S.Paulo*, principalmente do caderno "Empregos" (o que me permitiu ter contato com grandes empresas, empresários, executivos e os principais *headhunters* e empresas de recolocação do país) e do caderno com o curioso nome "Tudo", que apresentava pessoas que tinham como sonho e meta de vida montar grandes empresas e se tornarem empresárias e executivas bem-sucedidas. Era o espaço do jornal dedicado às pequenas e médias empresas fundadas e tocadas por bravos empreendedores da época. Um tempo que não contava nem de longe com a tecnologia e o fluxo de informações que temos atualmente. Não havia um ecossistema que desse um norte e um suporte para aqueles heróis. Por outro lado, a concorrência era – ou parecia ser – bem menor que hoje. Como ouvi de alguém: "Antes a molecada sonhava ter uma guitarra e montar uma banda; hoje sonha ter um anjo e montar uma startup".

Os meios para isso são abundantes: *hubs*, mentores, investidores, ideias aos milhões nos quatro cantos do planeta, um ecossistema efervescente no Brasil e no mundo. Na verdade, há uma ressalva: os investidores daqui não são tão ousados como os de lá. Primeiro eles esperam que a ideia se torne uma saudável árvore cheia de frutos para depois oferecer o "fertilizante" (o dinheiro). Ou seja, na média, empreender neste país continua sendo coisa de heróis, de resilientes, de obstinados.

Saí da *Folha*, fui trabalhar na TV, tentei empreender em diferentes frentes, até que fui convidado para ser editor-chefe da *Forbes* no Brasil, em 2016. Aí sim, o universo do empreendedorismo desabou sobre a minha cabeça. Histórias incríveis de sacrifício, resiliência e obstinação que se transformaram em casos de sucesso; outras tantas que certamente irão pelo mesmo trilho – e uma legião de jovens e não tão jovens tentando encontrar seu caminho neste país de economia ciclotímica, instável, neste mundo em busca de soluções para dilemas cada vez mais urgentes. Gente genial com ideias geniais, gente simples com ideias simples (igualmente valorosas!) buscando por todos os meios viabilizar um sonho, um projeto, seu propósito.

Nessa jornada, encontrei grandes empresas dos mais variados setores, do bancário ao agronegócio, ávidas por inovação – ou ao menos tentando respirar os mesmos ares dessa nova onda, para não serem sugadas pelo tsunami da disrupção. Encontrei anjos e investidores dispostos a apostar suas fichas (feita a ressalva nos parágrafos anteriores) no novo. Deparei-me, enfim, com um ecossistema formado por milhares e milhares de pessoas valorosas. Telefonemas, e-mails e convites para eventos voltados ao tema chegavam aos montes. Tamanha ebulição me levou a sugerir a criação da seção fixa "Empreendedorismo & Startups" na revista. Nosso *publisher*, também antenado, concordou na hora.

Uma dessas pessoas me chamou especialmente a atenção. Um garoto (que, para mim, é qualquer um com menos de 40 anos) carioca de forte sotaque e muito falante. Ele fez de tudo até me convencer a tomar um café para ouvir o seu relato. É uma história muito bacana de sucesso, como você vai ver neste livro.

O garoto é Alfredo Soares, fundador da XTECH COMMERCE, hoje parte da poderosa VTEX. Alfredo é considerado um dos principais nomes do e-commerce no Brasil (Tallis Gomes, fundador da Easy Taxi, declarou em rede nacional, na TV Globo, que Alfredo é "o" principal nome do comércio digital brasileiro).

No entanto, antes de saber de tudo isso, ouvi o que ele tinha para contar. Filho único de uma família de classe média que um dia teve muito conforto, mas, por tomadas de decisão erradas, precisou abrir mão e perder muito desse conforto. O menino que sofria bullying na escola e encontrou no esporte a forma de levantar a sua autoestima. O adolescente que tinha o pai como herói e que não suportava ver a decadência familiar de braços cruzados. Assim, mal saído da infância, Alfredo decidiu que seu destino seria tentar seu próprio negócio, e não ficar esperando uma oportunidade de emprego – e olha que ele até tentou. Ainda não sabia bem como nem o quê. Nem com o quê, porque dinheiro não tinha – e por muitos anos continuou não tendo, sem jamais parar de trabalhar e sonhar com o sucesso. Sonhava no sentido mais pragmático da palavra: alimentava esse sonho pesquisando o mercado, a concorrência, imaginando soluções novas para negócios simples e complicados, tentando, errando, corrigindo, tentando de novo, errando de novo, corrigindo de novo. Ou partindo para outra.

Essa resiliência de bolsos vazios me impressiona em alguns empreendedores com os quais conversei ao longo da carreira, nos jovens e nos mais antigos (incluindo os donos de algumas das maiores empresas do país). Impressionou-me, especialmente, no Alfredo porque, aliada à resiliência, vi nele a incrível capacidade de criar estratégias rápidas, em frações de segundos, para viabilizar qualquer negócio que ele considere possível e rentável, para encontrar soluções em situações adversas. São saborosíssimas suas "maluquices": o que ele fez para parecer que a embrionária XTECH COMMERCE funcionava num duplex (quando na verdade era uma salinha), que tinha um exército de atendentes no call center (eram duas pessoas), as estratégias para cercar os donos da VTEX, com quem queria fazer negócio (e fez um baita negócio) e outras pirações que serão contadas adiante.

Não tenho como dizer, do ponto de vista técnico, o quanto ele é bom em planejar e executar plataformas de e-commerce. Não é a minha área. O que posso garantir é que, além de todas as qualidades que elenquei aqui, é impressionante como ele vê situações de venda em tudo, ou melhor: como cria as situações de venda. Depois daquele primeiro café, encontrei-o outras vezes em eventos e também para entrevistá-lo e escrever sobre sua trajetória na revista. Nesses encontros, pude presenciar seu poder de convencimento rápido e decisivo para criar e fechar negócios. "O que eu faço é juntar as pontas", ele me disse, simplificando. Quando publicamos a reportagem sobre Alfredo na *Forbes*, o braço que hoje ele comanda na VTEX havia gerado, em um ano, 1 bilhão de reais em vendas e estava recebendo 2 mil novas lojas por dia para utilizar a sua plataforma.

Também não sei o quanto ele desenvolveu e o quanto desse talento empreendedor/vendedor é inato. Talvez ele tenha algum grau de hiperatividade, no sentido clínico da palavra. Fato é que o rapaz não perde tempo. Vive e respira trabalho, vive e respira vendas. Em um minidocumentário sobre sua ainda jovem vida, a mãe demonstra preocupação com tanta intensidade. Contudo, é essa intensidade que fez e faz dele um empresário diferente. Por isso, conseguiu, como ele descreve, a tão sonhada matéria na *Forbes*. Uma fonte de inspiração e energia positiva, em razão disso vale a pena você conhecê-lo.

No meio da correria alucinante que é seu dia a dia no Brasil e no exterior – entre palestras, fechamento de novos negócios, prospecção de clientes –, Alfredo conseguiu, sabe-se lá como, dedicar-se também à elaboração deste livro. Nele, o jovem ícone do e-commerce brasileiro vai compartilhar com você toda a sua trajetória – os valores, as dores, os erros e acertos e, principalmente, os aprendizados – para inspirá-lo a trilhar seu caminho no competitivo universo dos negócios do novo século. Você vai aprender a identificar as boas oportunidades quando elas baterem à sua porta. Mais que isso, vai aprender a criar essas oportunidades. E estará preparado para saber como agir e reagir no turbulento, mas gratificante, caminho do sucesso.

— **José Vicente Bernardo,**
editor-chefe da **Forbes** *no Brasil*

INTRODUÇÃO

Neste exato momento, você com certeza tem algo a resolver no seu trabalho, nos seus negócios e planos profissionais. Posso garantir que tem uma pilha de coisas a fazer, pessoas para entrar em contato, metas a cumprir... Mesmo com tudo isso, você resolveu parar e pegar este livro. O motivo: acredito que, assim como eu, você sente a pressão diária de encontrar soluções que gerem resultados para os outros e, é claro, para si mesmo. Se fôssemos eleger as palavras em voga do momento, empreendedorismo e inovação estariam no topo. Porém, como trazemos esses termos tão complexos para a prática? Em meio a tantos cases e histórias que vemos pela televisão, nas revistas e em nossos celulares, como encontramos o nosso lugar entre os grandes empresários que criam negócios disruptivos e eficientes? E mais: como tudo se liga a vender, a base deste livro?

Sou Alfredo Soares, fundador da XTECH COMMERCE, plataforma de criação de lojas virtuais que movimentou 547 milhões de reais em três anos e que, no final de 2017, foi comprada pela VTEX, maior empresa da América Latina de tecnologia de e-commerce. Também fundei a Socialrocket, plataforma de automação para Instagram que transforma perfis em canais de vendas. Com ela, em dois anos chegamos a mais de 150 mil usuários cadastrados em 7 países – e tudo isso é mérito das pessoas incríveis que trabalham comigo e toparam acreditar nas ideias que pareciam malucas e se transformaram em sonhos que acabamos construindo juntos.

Porém, antes da construção desses dois negócios, uma longa jornada com empreendedorismo já estava na minha bagagem. Comecei vendendo cartões de visita, errei, tive de recomeçar, refiz. Então, acredite, eu conheço muito sobre as suas dores como empreendedor, e espero ajudá-lo a resolver muitas delas nesta troca que faremos neste livro. Porém, mais importante do que o ponto onde cheguei são os aprendizados que tive durante essa jornada que se define pelo empreendedorismo. Então, assim como não importa o seu negócio ou a área em que atua, saiba que precisamos ser empreendedores na maior parte do tempo. Isso, no entanto, não significa que você precisa ser um inventor.

Um dos grandes problemas que vejo entre aqueles que querem empreender e inovar é que eles confundem esse desejo com inventar alguma coisa. Para mim, inovação está ligada a reinventar, a você conseguir fazer de forma diferente aquilo que já existe e buscar novos modelos de negócios e executar rápido. O problema é que as pessoas colocam muita energia em inventar ou em forçar o que poderia ser uma invenção, quando deveriam assumir o estado de espírito empreendedor: ser criativo, proativo e buscar a solução certa na sua vida, seja no colégio, na faculdade, na família, ou no trabalho.

Eu nunca me considerei alguém que inventaria algo disruptivo – e com a minha experiência posso dizer que empreender sempre se tratou muito de execução. É ir lá, pôr a mão na massa, fazer, errar, aprender, refazer. Passei por isso tantas vezes que agora a XTECH COMMERCE parece um golpe de sorte, ou uma ideia genial. No entanto, é tudo menos isso. A questão é que ali a execução foi potencializada, a gente conseguiu passar por todos esses passos muito rapidamente em três anos.

Resumindo, hoje olho para trás e considero que o que me diferenciou foi não ter tido medo. Não tenho medo de errar. É claro que não gosto quando isso acontece, mas aceito as minhas falhas e não deixo de fazer algo temendo o que pode acontecer. E isso é algo importante se você quer seguir nessa trilha. O medo e a motivação andam lado a lado.

Olhando em retrospecto, reconheço os meus tropeços. Persegui coisas erradas, me preocupei com o que não deveria ter sido prioridade. É normal, especialmente quando estamos no início da carreira. Queremos acertar a profissão, encontrar o mercado que paga melhor. Somos influenciados por isso. Porém, de tanto buscar o dinheiro acabamos nos afastando dele. Então (depois de apanhar um pouquinho) você aprende que tem de priorizar o propósito, quem você quer atingir. E aqui está a essência das vendas: não se trata mais de trocar produtos e serviços por dinheiro, e sim de criar experiência e encantar quem está do outro lado, seu cliente, seu parceiro.

Virei essa chave quando, tocando a minha agência, investia em várias coisas diferentes que não traziam tanto retorno. Então, percebi que não precisava correr atrás do dinheiro, mas sim fazer algo muito bem-feito. Algo que ressoasse dentro de mim e que me fizesse manter o pique de correr atrás daquilo incansavelmente, aprimorar-me e estar disposto a fazer cada dia melhor. Tinha que me encontrar e o dinheiro seria consequência.

Entre este momento e a realização de qualquer que seja o seu projeto, você precisará de altas doses de honestidade consigo mesmo

De um jeito ou de outro, saiba que, entre este momento e a realização de qualquer que seja o seu projeto, você precisará de altas doses de honestidade consigo mesmo. Pois é isso que o fará mais forte que o medo e o desejo de desistir, os maiores perigos na vida do empreendedor. Quando você não consegue ou sente que o projeto não está andando, logo é tomado pelo pensamento de desistir. Então começa a questionar a sua capacidade, a ideia, a economia do país. Logo o medo gera a desistência, e pequenas desistências confirmam todos os seus medos. Qualquer empreendedor e empresário carrega consigo o pensamen-

> Execução é principalmente administrar o medo e a incerteza e colocar o plano em primeiro lugar

to de desistir. No entanto, o segredo está em administrar esse pensamento a seu favor.

Um dos empreendedores que mais admiro, Tallis Gomes, criador da Easy Taxi e um verdadeiro mestre da objetividade e da execução, diz que o grande desafio para quem quer empreender é conseguir, durante 2, 3, 5 anos, acordar todos os dias com a mesma vontade, o mesmo brilho nos olhos e o mesmo otimismo para ir à empresa e tomar as decisões fáceis e as difíceis. Passar desses marcos de tempo é quase uma garantia de sucesso porque significa que você administrou não só a empresa, mas também seus medos, suas falhas, seu impulso de desistir. Você aprendeu a lidar com o erro – e já que na palavra empreendedor está implícito errar, precisa errar muito! Agora é necessário aprender.

É difícil manter o pique ao longo dos anos porque empreender é como dirigir no escuro. Na estrada, você só vê 30 metros, mas tem que continuar e acreditar que a estrada está ali, e não pode parar. Exige a potência máxima do seu raciocínio o tempo todo, exige atenção aos detalhes, sem a garantia de que tudo vai dar certo. A vida do empreendedor é assim. Você não consegue ter certeza se o plano dará certo, mas tem que continuar acelerando, com foco no caminho e sempre analisando o que consegue ver da estrada – mas sem deixar a pouca visibilidade o amedrontar. Continuar acelerando tem a ver com execução, e execução é principalmente administrar o medo e a incerteza e colocar o plano em primeiro lugar – o que pra mim é o segredo de tudo o que conquistei e acredito que você pode conquistar.

Vender é encantamento

Este livro é para cada pessoa que deseja empreender. É claro que você vai conquistar isso no seu tempo, não importa a sua idade. Pode ser alguém que está saindo da faculdade e quer empreender, pode ser um executivo que entendeu que está buscando mais do que o cargo que tem em uma empresa. É para isto que estou aqui: para que você veja as reviravoltas e tudo que pode acontecer quando arregaçamos as mangas.

Antes de prosseguir, gostaria de contar a história por trás do #BORAVENDER. As pessoas associam essa expressão a mim, mas tudo começou com um post no grupo da LOJA INTEGRADA em 2014. O #BORAVENDER foi criado pelo Breno Nogueira, na época head de marketing da LOJA INTEGRADA, principal concorrente da XTECH COMMERCE, e daquele dia em diante a expressão pegou no universo de e-commerce. Depois disso, no próximo grande evento, eles lançaram uma camiseta do #BORAVENDER e foi simplesmente uma febre geral. Nessa época, eu não podia usar a expressão, pois era do meu concorrente. Porém, três anos depois a VTEX anunciava a compra da XTECH COMMERCE depois de dez meses de negociação, e eu assumiria aquela empresa da qual tinha sido concorrente mortal nos últimos anos. Ao chegar para uma nova gestão, olhei aquela camiseta e resolvi empreender em cima da expressão, que transmitia uma energia e carisma gigante, mas se resumia a uma camiseta.

Naquele momento, resolvi usar aquela frase tão comum, simples e viral para montar uma plataforma de conteúdo e um manifesto que fizesse todo mundo ter orgulho de seu lado vendedor e desenvolvê-lo. Afinal, quando queremos um aumento, precisamos vender; quando precisamos conquistar alguém, estamos de certa forma vendendo a nossa imagem. Vender é encantamento. A maior parte das pessoas olha nosso movimento e pensa que se trata de uma campanha de vendas tradicional, agressiva, só focada em números, mas vou contar para você em primeira mão: a força não está na palavra VENDER, o que empodera o movimento é o BORA. Para alcançar qualquer objetivo, meta, sonho é necessário começar!

Por isso, quero fazer um acordo com você: aplique cada insight que tiver. Entenda que conhecimento, hoje, é *commodity* e sem ação nada é possível!

Então, faça uma imersão nesta leitura sabendo que os próximos passos exigirão de você muita execução, velocidade e comprometimento, pois quero que ao fim da leitura esteja disposto a meter a cara e, com muita coragem, fazer as suas ideias acontecerem.

Agora que já entendeu uma parte da história, #BoraLer!

#BORAVENDER

O empreendedor não é inventor, é um executor.

@alfredosoares @boravender

1.
ARTE OU HABILIDADE, É NECESSÁRIO EXECUTAR

A história de sucesso da XTECH COMMERCE é a mais famosa da minha jornada. No entanto, eu empreendo desde os 17 anos. Já naquela época escutava muito empreendedor reclamando das condições do país, da economia ou da conjuntura para abrir um negócio, ou do perrengue que era fazer o negócio crescer. Garanto que passei por quase todas essas fases – e também garanto que o Brasil está longe de ser o pior lugar do mundo para alcançar o sucesso. Comigo já aconteceu de tudo: briguei com sócio, fui passado para trás, apostei no que não virou, não dei conta da administração, faltou dinheiro, faltou pessoal, avancei um passo e recuei dois... A dificuldade que você sente hoje sempre parece a maior do mundo. A mais difícil. Como diz meu amigo e grande empreendedor João Mendes, fundador do Hotel Urbano: "Empreender é construir um avião enquanto ele está caindo". É estar preparado para fazer essa loucura uma, duas, três vezes. Afinal, o fim de um desafio é o começo do próximo. Porque toda grande ideia nasce de um problema – então, cada crise ou cada momento difícil pode ser uma ótima oportunidade.

Quando alguém me entrevista, tenho a impressão de que essa pessoa conclui que construí uma história de sucesso da noite pro dia. Claro que tive sorte em vários momentos. Contudo, o meu "sucesso da noite pro dia" começou em uma noite e terminou em uma manhã doze anos depois. Pelo menos comigo, não houve atalho: foram doze anos de uma jornada muito dura para alguns momentos de sucesso. Sempre que procurei atalhos foi quando precisei dar dois passos para trás. É sobre toda essa jornada que vamos falar neste livro, os desafios e as estratégias para passar por eles da melhor maneira possível, pois é isso que vai ajudá-lo na briga para ter seu negócio ou sua carreira de sucesso.

Eu devo muito do meu jeito empreendedor ao tipo de criação que recebi em casa. Meu pai era gerente geral de uma empresa de transporte de valores, depois foi diretor geral de um grupo empresarial que terceirizava mão de obra. Minha mãe, por sua vez, trabalhava como assistente administrativa até eu nascer. Foi quando meu pai falou para ela: "Ele é seu negócio", querendo dizer que dali em diante o trabalho dela seria cuidar de mim em tempo integral.

Sempre vi meu pai como um líder, ele tinha um jeito muito objetivo, às vezes até meio grosseiro, de falar e agir. Lembro quando fui morar um tempo em San Diego, nos Estados Unidos. Tinha acabado de chegar lá e liguei para ele para contar como havia sido a viagem, a chegada e tudo o mais. E também para dizer um sincero "eu te amo". Na época, a gente se comunicava por rádio, então todo mundo em casa estava me ouvindo quando contei minha aventura e terminei com um "Aí, paizão, te amo". Ele não respondeu, me deixou no vácuo. Porém, esse sempre foi o jeito dele, o que de certa forma me incentivava a seguir em frente para conquistar sua atenção – e isso mostra que cada um tem as próprias fontes de motivação ou pode buscá-las nos lugares mais inusitados.

Meu pai também me fez praticar, desde cedo, um esporte superexigente, o polo aquático, para reforçar conceitos como disciplina, meta, superação e convivência em equipe, coisas que eu também tinha que aplicar na escola se quisesse ganhar dele alguma coisa. Meritocracia era o lema. E ele sempre arrumava uma forma de criar metas desde cedo.

Na minha infância, a gente tinha uma vida normal na Tijuca, um bairro de classe média do Rio. Durante minha adolescência, meu pai teve um crescimento profissional bacana, que nos proporcionou algumas comodidades, como a casa de praia, onde passei boa parte da infância e adolescência e que me deixou grandes ensinamentos sobre networking e convivên-

Você nunca pode deixar o ego atrapalhar o seu objetivo

cia durante os fins de semana que passávamos lá. Nós sempre tivemos certo conforto. Era difícil eu querer algo e não conseguir com meu pai – quando não conseguia com ele, apelava para meu avô.

Quando se está imerso em uma realidade como essa, com todas essas coisas à disposição, é comum achar que elas nunca vão abandoná-lo. Só que, de repente, tudo isso foi embora. Depois de vinte anos dedicados à mesma empresa, meu pai cansou e resolveu chutar o balde, sair do trabalho e começar do zero. Ele decidiu comprar um táxi. Então, de um dia para o outro, nossa vida ficou diferente. A casa de praia e todo o relacionamento com aquele pessoal bacana nos fins de semana se foram.

Meu pai contava para todo mundo que tinha trocado a rotina de executivo por uma vida com autonomia. Para gerar caixa e bancar os custos, até nossa lancha ele começou a alugar. O mais impressionante é que ele ia de marinheiro, pilotando o barco para os outros durante o passeio. No início, eu sentia muita vergonha. No entanto, foi nessa época que aprendi muito sobre ego – ele tem que ser seu aliado, não seu inimigo, e tem que respeitar suas escolhas sem lamentações. Você nunca pode deixar o ego atrapalhar o seu objetivo.

Aprendi muito sobre monetização criativa também. O velho me ofereceu 150 reais por dia para eu ir com ele nesses passeios a fim de ajudá-lo. Meus olhos de empreendedor brilharam: aceitei na hora e, daí em diante, não perdia um passeio. Se no começo toda aquela transformação me abalou, não demorou para eu voltar a ficar ainda mais orgulhoso do meu pai. Consegui enxergar que tudo o que ele me ensinava não era da boca para fora. Ele encarou a nova vida com o mesmo espírito de luta e gratidão, pois agora podia ficar mais tempo com a família; tinha, de verdade, mais autonomia. Quando vi meu pai dizendo "não" para o dinheiro e "sim" para o estilo de vida que ele queria ter, aprendi que o dinheiro não era tudo.

Seja mais importante que a sua cadeira!

Você não precisa ser nenhum gênio para buscar seu sucesso, só precisa ter atitude

Depois de sete anos mantendo um padrão de vida inferior ao que tínhamos, mas com mais qualidade de vida, ele recuperou o equilíbrio que buscava e se sentiu preparado para voltar ao mercado no ponto em que havia parado: como diretor geral de uma empresa. Como ele é um cara muito carismático e tem uma rede gigante de amigos e parceiros, conseguiu uma boa recolocação. A grande lição que ele me passou foi a seguinte: nunca tornar-se o tipo de profissional cuja cadeira tem os contatos. Ou seja, se um dia você não se sentar mais naquela cadeira, não ocupar mais aquele cargo, as empresas e as pessoas não vão mais tratá-lo da mesma maneira. Então tenha sempre sua própria marca como profissional e como pessoa. Seja mais importante que a sua cadeira!

A influência do meu pai e do esporte me moldaram nessa primeira fase da vida. Minha carreira começou muito cedo. Com 15 anos, eu jogava polo aquático no Tijuca Tênis Clube – e era bom nisso. Na escola, estava na média. Eu adoraria falar que era um aluno excelente, mas realmente esse não era o caso. Fiquei de recuperação na 5ª série (mas também foi só dessa vez). Era um aluno que estudava o necessário para passar. Na época do vestibular, meu pai, conhecendo o filho que tem, achava que eu devia fazer concurso público, virar salva-vidas ou cursar algum curso superior ligado ao mar. "É mais fácil de passar e você vai adorar porque vai poder surfar", ele brincava comigo. Esse era o nível de aposta em mim! Apesar de sempre me estimular, me ensinar e me forçar a ser melhor, acho que ele não acreditava muito na minha capacidade de ser empresário (apesar de ser um

Comprometimento é entrega, união, humildade, garra

cara fora da curva, sempre colocou a segurança em primeiro lugar). Então aí vai a primeira lição importante deste livro: você não precisa ser nenhum gênio para buscar seu sucesso, só precisa ter atitude.

O Tijuca subiu para a categoria de times e, ao me destacar, fui para o Fluminense. Precisei alinhar muitos interesses para fazer essa transição. Foi meu primeiro processo de aquisição! Ainda consegui ajudar na negociação de outros atletas, da estrutura de transporte a ajuda de custo, e passei pelos negociadores mais difíceis de todos: meus pais. Eu era muito novo e tinha que atender às exigências deles, às do clube e ao meu sonho de ser jogador profissional. Desde muito cedo (percebi isso mais tarde), já era um bom vendedor: eu entendia essa questão de me relacionar, percebia o que cada um precisava e alinhava as expectativas das duas partes, unia as duas pontas. Os responsáveis por esse processo foram Silvio Telles, do Fluminense, e Ludim Junior, do Tijuca, os dois principais técnicos na minha jornada no polo aquático. Depois, em algumas categorias, fui treinado pelo Carlinhos Carvalho, na época técnico da Seleção Brasileira. Ele era um cara que me cobrava muito e que, apesar do pouco tempo que convivemos, me ensinou demais. Um verdadeiro líder. Aquela velha história do mestre e do aprendiz, na qual o mestre prepara o novato para ser melhor que ele. Carlinhos fez isso com dezenas de pessoas no esporte.

Na época, apesar de não ter uma relação tão simples com ele, aprendi demais. Talvez tenha sido um dos técnicos de quem menos fui parceiro, mas com quem mais aprendi. A experiência com ele acabou se tornando outra de minhas grandes lições: não se aprende só cercado de coisas boas, mas também nas adversidades. Considero que o Fluminense foi meu primeiro empregador de verdade, pois em seguida o time pagou minha faculdade de publicidade.

Na faculdade, logo no primeiro período fiquei encantado com o mercado publicitário. Mesmo treinando e estudando, tentei fazer estágios. Meu sonho era ser diretor criativo, sentar e pensar em um anúncio genial. Mas a realidade bateu. Logo percebi que aquilo era uma patota: ou você conhecia alguém, ou era filho de alguém, caso contrário não chegaria a lugar algum. Eu visitava agências importantes para entrevistas e ia me frustrando cada vez mais com a dinâmica do mercado. Cheguei até a ser roubado a caminho de uma entrevista. Percebi que teria que fazer outra trajetória. A minha trajetória.

Fiz um curso técnico de design e rapidinho tive a ideia de criar a empresa Ideias Cariocas para começar a vender cartões de visita. Criei em parceria com o Reinaldo Chequer, um amigo do colégio que fez o curso comigo e que é meu parceiro até hoje. Aí já veio a primeira porrada. Como nosso logotipo era o Pão de Açúcar, éramos muito questionados por ter usado um local público, quando saíamos em busca de clientes. Foi erro de iniciante, coisa de estudante que não sabe como planejar sua comunicação e, sem entender nada de marketing, simplesmente faz. Tentei levantar essa empresa trabalhando com amigos e fazendo parcerias. Eu fazia os cartões e saía para oferecer a pontos de táxi. Tínhamos até combos: cartão de visita e ímã de geladeira. Os taxistas do Rio de Janeiro viraram nossos principais clientes. Eu chegava nas cooperativas de táxi e ficava duas horas esperando ser atendido, até poder mostrar a qualidade do ímã que produzia e tentar passar um orçamento. Como muitas vezes eu ia de carro, ouvia falarem: "Deixa o playboy esperando aí, depois resolvemos". Fazia questão de esperar e depois cobrir qualquer orçamento. Mesmo não ganhando tanto ou até "zerando" a conta, ali eu construía a minha imagem de trabalhador, e não de playboy ou filhinho de alguém.

Enquanto tudo isso acontecia, o coordenador do curso de Publicidade da Faculdade UniverCidade da época, Benedito Cantanhede, me convenceu a entrar para a agência experimental da faculdade para trabalhar no atendimento. Então, passei a dividir meu tempo entre o curso, os treinos, a empresa e a agência da faculdade. E assim a vida foi por durante um ano.

VENDER É DAR A SOLUÇÃO, MESMO QUE NÃO GANHE NADA COM ISSO

Nunca cheguei a realizar o sonho de ser estagiário em uma grande agência, essa porta nunca se abriu para mim. Fui logo vendendo – tanto aquilo que eu sabia fazer quanto, algumas vezes, o que eu não sabia. O melhor exemplo de quando vendi algo que nem imaginava como fazer foi quando, em um dia, alguém indicou meu trabalho para o Liber Gadelha, pai da cantora Luiza Possi. Ele me procurou perguntando se eu era o Alfredo que fazia *busdoor*. Eu, que nunca tinha ouvido falar disso, respondi na mesma hora: "Sou, sim!". Ele tinha uma demanda imensa de *busdoors* para a divulgação do trabalho dela, uma campanha de 120 anúncios para ônibus no Rio de Janeiro. Quando Liber me pediu um orçamento, fui correndo atrás para descobrir do que se tratava. Saí perguntando para fornecedores, amigos e conhecidos até encontrar alguém que trabalhasse com isso: Vinicius, diretor da i9 Propaganda. Ficamos parceiros e fechamos o projeto juntos. Meu primeiro negócio grande, mas a primeira dor de cabeça também. Eu precisava bancar tudo antes de receber pelo trabalho. Imprimir os *busdoors* era muito caro e eu não tinha caixa. Isso me obrigou a fazer um malabarismo imenso para levantar o dinheiro da produção (quase tudo emprestado). No final das contas, fiquei só com 10% do que cobrei pelo trabalho.

Foi depois dessa experiência que fiz o intercâmbio em San Diego, nos Estados Unidos, em 2005. Passei alguns meses por lá e, quando voltei, estava com mais gana de ser independente, de não depender de ninguém (dependi financeiramente da minha família para fazer essa viagem, por exemplo). Um pouco antes de viajar, em um churrasco de família, conversei com um tio, Edgar Trindade, e o sócio dele, Igor Maxmiliam, marido da minha prima, que tinha montado um site chamado Melhores Praias. Era o principal guia do Nordeste numa época em que a internet não era nem metade do que a gente conhece hoje. Mais que isso: era o principal portal de turismo do Brasil. Apesar disso, não havia ninguém para tocar o negócio.

Ao voltar do intercâmbio, decidi vender para ele a ideia de como eu poderia ser o cara que faria o site crescer. Foi o primeiro cliente fixo, que me permitiu ter uma estrutura, um escritório. Nessa época também em que vendia materiais gráficos, meu fornecedor de ímãs e cartões ficou doente e me vendeu a sua carteira de clientes. Assim comecei a operar com mais contatos, mesmo sem terminar a faculdade.

> A vida muitas vezes parece uma sucessão de coincidências. De repente, aparece mais um quebra-cabeça para você resolver, se quiser continuar crescendo

Outra situação marcante ocorreu nesse período. Fui a um evento em um hotel no Rio de Janeiro e ouvi a história do Nizan Guanaes: ele tinha acabado de vender o iG e fundado a Africa. Fiquei encantado com o cara e as infinitas possibilidades que um publicitário podia ter. O mundo se abriu, vi que não deveria me limitar a fazer apenas logotipos e cartões. Acho que ali eu comecei a ver o lado do negócio do publicitário e não apenas o criativo e sonhador. Perto dos 19 anos, abri meu primeiro CNPJ. A partir disso, eu precisei ser empresário e empreendedor. Surgia, então, a Conceitual Comunicação Interativa Ltda. Como eu tinha meu primeiro escritório – e essa era uma época de poucos portais – comecei a montar minha agência, que tinha o Melhores Praias como cliente principal. Muita gente passou a me procurar para criar logotipos e nomes para suas empresas. Comecei a ver que precisava de mais gente na agência, já que eu ainda estudava e treinava enquanto o negócio crescia.

A vida muitas vezes parece uma sucessão de coincidências. De repente, aparece mais um quebra-cabeça para você resolver, se quiser continuar crescendo. De minha parte, eu estava sempre desarmando alguma bomba. Com o escritório crescendo, um cliente grande e as demandas por meus cartões de visita a todo vapor, convidei um amigo da faculdade para ser meu sócio. Foi aí que tive meu primeiro problema societário. Ele veio em troca de metade da empresa, sem colocar investimento algum nela, além do seu trabalho. Eu levei entre 5 e 6 clientes, e ele 1. Além disso, outro amigo havia tido um baque na agência dele, e decidimos juntar as duas. Uma sucessão de erros. Os clientes dessas agências tinham perfis totalmente diferentes. Meu negócio foi acabando até o ponto que eu não tinha a menor vontade de ir ao escritório. A crise foi total e representou um *day one* para mim. *Day one* é aquele dia que muda toda a história de uma empresa; em geral, acontece várias vezes durante o caminho de um negócio, mas alguns ganham mais destaque e podem se transformar no grande ponto de virada.

Meu sócio, então, decidiu sair do negócio, mas foi uma saída sofrida, com discussões financeiras, brigas, com ele exigindo dinheiro pela sua metade da empresa, mesmo sem ter investido nada no negócio. Quando ele finalmente saiu, eu retomei a agência sozinho, separei uma empresa da outra e passamos a dividir só o escritório. Foi uma época de muita luta. Tive que criar muita campanha para oferecer serviços a qualquer tipo de negócio. Eu não conseguia tomar um café na esquina sem tentar conversar com o gerente da padaria para perguntar se ele já tinha flyer, cartão, cardápio, logo, site. Cada lugar que eu ia era uma oportunidade, vivia como um vendedor porta a porta 24 horas porque tinha muito para reconstruir depois do que havia acontecido. Tive altos e baixos na agência e enfrentamos alguns revezes. Na prática, eu era um representante comercial de rua. Além da venda, fazia a arte de totens, a finalização, o acompanhamento com o cliente... virei uma pessoa multitarefa. Não havia o que eu não fizesse: site, revista, conteúdo, networking. Mas era hora de crescer e, nessa época, aprendi muito sobre permutas. Fiz uma com um restaurante para poder almoçar e levar clientes (a fim de não perder o hábito e a viagem, deixava panfletos no balcão para divulgar meu negócio). Com uma loja de móveis, consegui mobiliar o escritório.

Sempre me lembrava do Carlinhos, meu técnico de polo aquático, que tinha uma máxima: "Não aceito displicência". Consigo fechar os olhos e imaginá-lo falando: "Se for errar, arrisque algo objetivo e decisivo. Não aceito erro bobo". Então eu ia para cada estabelecimento oferecer o trabalho com toda a intensidade possível. Nada pode ser feito com displicência – se para você aquilo "não é nada de mais", não vai dar em nada mesmo. Por isso digo que o esporte foi fundamental na construção do meu perfil profissional. Ele me ensinou a buscar o meu melhor – e não a ambição vaidosa de ser o melhor do time, de ser o artilheiro, de atrair os holofotes. Isso não é liderança positiva. O que eu levei dali foi o comprometimento de entregar aquilo que é melhor para o meu time em busca de um objetivo maior – que acaba sendo o melhor para mim também. Comprometimento é entrega, união, humildade, garra. Para ter essa visão do conjunto e de um grande objetivo coletivo, você tem que saber ouvir seu técnico, precisa treinar bem e bastante, persistir, identificar e corrigir seus erros. Precisa respeitar a rotina, por mais chata que às vezes ela pareça.

O esporte também me deu de presente algo que ia me diferenciar pelo resto da vida: a política de relacionamento. Aprendi o quanto isso era importante para estar sempre por dentro de tudo, para ser convocado. Não bastava ser o melhor, era necessário que o time gostasse de você, se dar bem com o técnico e com atletas veteranos que influenciavam as decisões do técnico, principalmente para jogar nas categorias de cima. O esporte fez nascer o networker que hoje eu adoro ser e me ensinou a lidar com a dinâmica do time e até a ter autoestima, mudando minha aparência e meu jeito de lidar com as pessoas depois de ter a minha imagem pessoal transformada pelo polo aquático. Contudo, o maior aprendizado que o polo e meu time, principalmente quando fui reserva do time adulto (Beto, Shalom, Quito, Paulinho, Marcelinho e outros), me passaram foi valorizar o poder da parceria e da lealdade de uma equipe.

Para falar disso, lembro de uma viagem que fizemos a Curitiba para jogar. Carlinhos teve um problema e não foi. Naquele dia, o time, que estava desfalcado e fraco, tomou a decisão de ir sem técnico. Algo que em dez anos de polo só vi aquela vez. Chegamos lá e as pessoas se perguntavam como saberíamos o momento de fazer substituições ou mudar a tática. Eu era apenas um júnior acompanhando os caras, e talvez tenha sido o campeonato que mais me ensinou sobre o poder quando se tem confiança. Ali o time acreditava em cada um dos jogadores, acreditávamos que poderíamos ganhar, confiávamos uns nos outros, motivamos uns aos outros e colocamos em prática tudo o que Carlinhos nos ensinou. Ganhamos por ele. Talvez a mensagem daquele campeonato é o que diz Lyoto Machida: "A técnica vence a forma, mas o espírito vence a técnica".

Sucesso é uma questão de execução, não de ideia

VOCÊ ESTÁ CHEIO DE PROBLEMAS? AINDA BEM

As dificuldades não param de surgir porque as coisas só não dão errado para quem não faz nada. E muito do sucesso pode desaparecer de uma hora para outra, quando você se deixa abater pelo que está acontecendo. Se eu lhe contar que a venda da XTECH COMMERCE para a VTEX quase foi adiada porque eu não tinha como chegar a tempo de registrar os documentos para a reunião, você acreditaria? Até o último minuto, é preciso lutar para realizar o que visualiza. Naquele dia, um acordo que estava sendo negociado havia dez meses quase foi adiado porque eu não tinha como chegar até o Mariano Gomide e assinar o contrato junto com os nossos advogados. Sabe o que eu fiz? Aluguei um helicóptero! Comecei a ligar para todo mundo, pois sabia que encontraria uma solução; não deixaria para o dia seguinte, que poderia virar a semana seguinte, o mês, o ano, nunca. O governo poderia mudar, o dólar poderia subir, poderia acontecer alguma coisa com o Mariano... vai saber. Sobre isso eu não teria controle, mas, se existia um jeito para chegar até ele no dia marcado, eu iria atrás. Esse é o papel do empreendedor. É esse tipo de vacilo que faz acontecimentos potenciais virarem grandes histórias de "quase".

Nós vamos falar em detalhes sobre o processo de venda da XTECH COMMERCE, mas você já pode levar isso com você: eu poderia ter perdido o negócio da minha vida – até aquele momento – se me conformasse com qualquer uma das milhares de dificuldades com que deparei, principalmente durante a reta final. Eu poderia assumir que estava muito cansado e esperar a próxima oportunidade em que o Mariano estivesse na cidade com seus advogados e eu com os meus, com os contratos com todas as cláusulas exaustivamente negociadas. Será que estaríamos aqui hoje? No fim, o helicóptero saiu barato. O próprio Mariano, quando liguei e disse: "Estou indo, já resolvi a parada e vou conseguir chegar a tempo. Prepara tudo", respondeu: "Você tá doido?". Eu falei: "Sim! Você disse que prefere frear maluco do que empurrar burro. Isso não chegou a ser um problema, foi só um obstáculo. Chego em 30 minutos".

A questão sobre o sucesso é que você precisa estar nele e não sair. É um patamar que deve ser atingido e mantido. Para isso, a fim de tomar uma decisão difícil ou para vender alguma coisa, não dá para ficar parado, ou esperar o dia seguinte para retornar aquela ligação. Sucesso é uma questão de execução, não de ideia. A ideia parada não é nada; torna-se o sucesso de outra pessoa. E o primeiro obstáculo para essa ideia se movimentar é você mesmo. Você joga contra ou a favor do seu sonho?

#BORAVENDER

Não basta ser inteligente, é preciso ter atitude.

@alfredosoares @boravender

#BORAFAZER

Escreva os top 5 insights que você teve durante a leitura desse capítulo e faça o seu plano de ação

1.

2.

3.

4.

5.

PLANO DE AÇÃO

O QUÊ?

_____
_____
_____
_____
_____
_____
_____

POR QUÊ?

_____
_____
_____
_____
_____
_____
_____

COMO?

QUANDO?

2. O PRIMEIRO PASSO É DIFÍCIL, MAS NÃO IMPOSSÍVEL

Empreender é uma jornada de altos e baixos. Você cai, levanta, tenta chegar ao seu objetivo de várias formas diferentes, acerta e erra. Isto é ser resiliente: não desistir nunca. O cofundador do LinkedIn, Reid Hoffman, também usa a metáfora do avião: "Empreender é se jogar de um precipício e construir um avião durante a queda". Eu costumo dizer que empreender é se jogar de cabeça no caos. Você está sempre sentindo que não vai dar, que não tem recurso suficiente, que vai se espatifar. Parece que os deuses do empreendedorismo querem testá-lo, mas na última hora correm para salvá-lo.

Eu olho para trás e vejo que deu muito trabalho, ainda dá muito trabalho. Mas hoje uma das poucas certezas que tenho é esta: sempre vai dar. O que eu mais acho fantástico é que não existe uma fórmula. Existem *frameworks* e metodologias que você pode estudar e nas quais pode se inspirar, mas cada negócio "pede" uma estratégia diferente e única. Depois de tudo que passei, uma das conclusões a que chego é: a vida é a reação das suas ações. É preciso estar sempre em movimento, executando, tentando, aprendendo. Talvez o momento "eureca" tão esperado venha de um erro. Imagine a minha história. Nunca pensei em ser dono de uma plataforma de e-commerce, muito menos que isso mudaria minha vida para sempre e eu seria um cara conhecido no universo da inovação. Trabalhar naquilo que gosta, identificar o público com o qual curte trabalhar, ver as coisas evoluindo e estar pronto para potencializar uma oportunidade quando ela aparecer é o caminho para fazer acontecer. Isso é muito da nossa

Todo plano de ação na apresentação parece fácil

história na XTECH COMMERCE e na Socialrocket.

Sabe aquele negócio que você admira? Apple, Microsoft, Amazon ou qualquer outra grande empresa? Um dia elas também começaram com a primeira venda. Isso mesmo, a venda de um único produto. Os empreendedores por trás dessas grandes empresas também tiveram seus dias de acordar mal, desanimados, cansados de tantos altos e baixos. O que fez a diferença na história deles foi a capacidade de executar e aprender rápido com os próprios erros. Afinal, como muitos empresários bilionários dizem, os erros são a melhor escola. E como é quase impossível prever quando eles vão acontecer, eu digo que o primeiro passo, e o mais importante, é executar. Porém, para dar esse primeiro passo, é preciso planejamento. Isso é o que chamamos de **momento zero**.

Acredite em mim: o primeiro passo é começar, o primeiro passo é mão na massa. Qual é a primeira atitude que você pode tomar hoje em relação ao que enxerga para si mesmo e para sua empresa? Pense com a cabeça e com o coração, não seja um viciado em planilhas, em apresentações bonitas. Como sempre falei para meu time e ouvi dos meus mentores: planilha aceita qualquer número. Todo plano de ação na apresentação parece fácil. No entanto, talvez seu primeiro passo já traga junto seu primeiro erro também. Uma coisa pode estar muito ligada à outra, e isso não é ruim. Vejo muita gente achando que começar um negócio é ter uma ideia, e só porque teve, entra no raciocínio: "Ah, eu comecei a montar meu negócio. Já estou com a ideia, o planejamento...". Não, você não começou. Seu negócio ainda está só na sua cabeça, no seu pensamento. E pensamento não gera fluxo de caixa. Você realmente começa o negócio quando conquista o primeiro cliente, quando já tem alguém usando o seu serviço, o seu produto – e pagando por ele. Isso, sim, é começar. Se você está fazendo certo ou errado, isso você vai descobrir... fazendo.

Claro que partir para a ação sempre dá um frio na barriga – como eu disse, é como se jogar no abismo. Um bom jeito de come-

Pensamento não gera fluxo de caixa

çar, então, é desenvolver um piloto de seu negócio – a exemplo do que fazem as startups com os projetos. Ou seja, você cria uma versão menor do seu negócio para já ver se alguém quer comprá-lo.

Tallis Gomes, fundador da Easy Taxi, começou criando o MVP (Mínimo Produto Viável), um aplicativo básico com a interface simples para o cliente pedir um táxi on-line; depois ele recebia um formulário no e-mail com aquele pedido, ligava para o ponto mais perto da pessoa e pedia o táxi manualmente, avisando o cliente que o carro estava a caminho. Naquele momento, ele queria verificar se as pessoas pediriam táxi por um aplicativo. Parece meio simples, um pouco insano, mas dessa maneira ele estava testando o mercado com as ferramentas que tinha na mão. É assim que se começa. Depois, durante o crescimento da empresa, em vários momentos você pode e deve usar essa técnica para não perder tempo com projetos que não são viáveis. Tallis conta mais sobre esse conceito em seu livro *Nada easy*. Para nós, fica a lição de que o importante é agir, executar. Comece já aceitando que você vai errar – e está tudo bem.

É óbvio que, na minha jornada, enfrentei "n" problemas, tomei decisões erradas. Houve tanto equívoco que aprendi muito e consegui encontrar as coisas certas também.

Para você ter uma ideia do quanto um negócio pode dar errado (no meu caso, um e-commerce), na nossa primeira Black Friday tínhamos umas 800 lojas na plataforma. Todas as empresas estavam ansiosíssimas para aproveitar aquele dia e arrebentar nas vendas. Éramos a promessa do mercado, tínhamos sido destaque durante todo o ano nos portais e blogs do segmento, nossa autoestima estava altíssima. Naquele dia, viajei a São Paulo para visitar empresas e fazer entrevistas e vídeos dos bastidores. Todo mundo da área do e-commerce no Brasil estava com a atenção voltada para nós, na maior expectativa. Na hora H, nosso sistema caiu. Pela primeira vez, a plataforma não deu conta. Foi um vexame. Viramos meme na internet, motivo de piada. E isso nem era o mais grave. Que plataforma de e-commerce quer ser conhecida como "aquela que caiu na Black Friday"? Foi duro demais, quase desistimos. Respondemos a mais de 700 mensagens no grupo do Facebook e mais de 2.500 chats em 48 horas, tudo isso com uma equipe de 4 pessoas.

O que poderia ter sido nosso fim, porém, foi a maior lição. Foi ali que amadurecemos como seres humanos, como profissionais e como empresa. Mudamos muitas prioridades. Agradeço demais aos meus sócios e ao time, que ajudaram a superar aquele momento construindo um ano incrível depois do desastre, sem perder nossa essência e nossos valores. É nos momentos difíceis, nas quedas e perdas, que sua essência vem à tona, seus valores o fortalecem e ajudam a se blindar. Se você tiver bons valores, isso pode funcionar de forma positiva, como foi com a gente. Muitos passaram a nos admirar por nossa postura, história e a forma com a qual lidamos com aquele baita problema.

Eu tenho certeza de que você trabalha demais. E que está preocupado em como fazer para continuar no jogo ou, melhor, como virar esse jogo de forma que se sinta mais satisfeito, feliz e verdadeiramente bem-sucedido, mas só pensar não dá em nada! Faça algo, mesmo sem ter certeza do resultado. A partir daí, os momentos ruins você administra. Aprende a direcionar seu foco. Isso é decisivo para entregar o maior resultado do seu negócio. É preciso conduzir o foco para lidar com os desafios e potencializar as ações para quando estiver nos momentos bons. O maior aprendizado nas fases boas e ruins é sempre focar no *ser* e não no *ter*. *Ser* a melhor solução e não *ter* a melhor solução. Consegue perceber a diferença?

Quando nós começamos, aconteceram coisas que nem Deus explica. Uma delas ocorreu quando anunciamos uma vaga para desenvolvedor no Infojobs. Apareceu um cara austríaco, superintrospectivo, fechadão, mas um gênio. O nome dele é Alexander. Ele, em uma semana de trabalho, fez um caminhão de coisas para nos ajudar, conseguiu nos tirar de uma situação complicada em que estávamos entrando. Afinal, nós não tínhamos experiência. Eu já tinha vendido mais de 50 projetos sem ter produto e sempre que voltava de uma reunião trazia alguma demanda nova; o Ricardo, meu sócio, que era responsável por essas entregas junto com o desenvolvedor, perdia prazo atrás de prazo porque estava sozinho.

Na XTECH COMMERCE, passamos por atrasos, problemas com desenvolvedores, chegamos a vender para muita gente o serviço e não conseguir entregar as lojas a tempo. Recebemos todo tipo de ameaças. Um dia, um dos clientes ameaçou nos processar se a gente não resolvesse a questão até a segunda-feira da semana seguinte, menos de sete dias para fazer tudo funcionar. Fiquei com muito medo, pois ainda faltava fazer a seção do check-out da plataforma funcionar. Essa história é incrível. Ricardo estava havia dois dias tentando fazer o check-out rodar e nada. Por volta das 2 horas da madrugada ele me liga e fala: "Cara, não vou conseguir. Precisamos de um plano B. Vamos ver outra plataforma para usar e entregarmos o projeto". Meu medo era estourar o prazo e o cliente cumprir a ameaça. Eu falei: "Calma, vou te encontrar". Fui para o escritório às 3 horas da manhã e por volta das 6 saímos para tomar um café. De repente, do nada, ele disse: "Tive uma ideia"; então, foi para o escritório e em dez minutos fez a coisa funcionar! Pronto, tínhamos um produto. Na semana seguinte, o nosso trunfo até ali, o austríaco, simplesmente sumiu. Foi para Macaé passar o fim de semana e nunca mais voltou. Empreender é assim mesmo: uma montanha-russa.

Logo em seguida, achamos um rapaz de 18 anos, o Novinho. Outro gênio. Conseguimos acelerar, embora com muitos problemas para administrar. Nossos 50 clientes pegavam no nosso pé porque não recebiam o produto do jeito que precisavam. Ali, cometíamos o erro de querer agradar a todo mundo: o cliente pedia isso e aquilo, e não sabíamos dizer não. Hoje quando me perguntam qual é o segredo do sucesso eu respondo que não sei, mas o do fracasso é querer agradar a todo mundo, com certeza. Nós fomos aprendendo isso na prática. Começamos a eliminar alguns clientes e assumir o controle. Aprendemos a escolher nosso cliente ideal e focar nele.

Foi quando lançamos o Moda Commerce. A versão da XTECH COMMERCE junto ao ecossistema para marcas de moda. Eis que um dia, o austríaco reaparece inesperadamente no Skype, mostra um projeto que ele tinha feito usando o nosso código e diz: "Evoluí o código, mas como é seu, vocês têm direito de usar aí". E mandou uma pasta zipada com a plataforma evoluída. Aquele produto estava muito mais avançado do que o nosso naquele momento! É isto: tudo dá muito errado até dar certo. Você precisa ser o cara que "segura a onda" do que dá errado. A vida não é linear, não é um caminho reto que você vai avançando e evoluindo passo a passo, como num videogame. Ela apresenta desafios cada vez maiores e às vezes é preciso retroceder para crescer.

2013: ANTES DA XTECH COMMERCE, A MARKETING SHOP

De toda queda pode surgir uma oportunidade. Depois de voltar do intercâmbio e ir para o Rio para começar a tocar o Melhores Praias, senti que queria ser mais do que um cara que fazia site e cartão de visita. Somente aqueles produtos não me levariam aonde queria chegar. Nascia ali a Conceitual Comunicação Interativa Ltda. Começava minha trajetória no mercado de agências. Então fiz eventos, alguns trabalhos mais significativos, prestei consultorias, criei muito anúncio, muito off-line. Nessa época, o digital ainda estava se arrastando, apenas começando. Ganhei dinheiro e comecei a investir em outros negócios que apareciam e que precisavam de capital de giro. Para isso, usava os serviços da agência. Meu pai brincava comigo, me chamava de agiota, mas lógico que não era isso.

Na verdade, eu era tipo um investidor-anjo: investia um pouco de capital e conseguia me envolver no negócio para ajudá-lo a dar mais certo. Deu supercerto no início e me empolguei. Comecei a pegar dinheiro de terceiros para investir e a diversificar demais os negócios. E aí eu caí feio. Estava investindo em uns seis negócios. Desses, três, nos quais eu acreditava, não deram certo, e eu acabei arcando com um prejuízo de 300 mil reais e assumindo a responsabilidade por isso ante os clientes e investidores. Entrei em depressão. Era difícil achar forças para me reerguer. Perdi minha empolgação natural para fazer outras coisas. Eu estava muito mal, sem grana e com a responsabilidade enorme de pagar a todas aquelas pessoas, pagar aos investidores para manter minha palavra.

Porém, era preciso continuar operando os negócios, independentemente de como eu me sentia. Eu tinha que trabalhar para não perder minha credibilidade. Foi então que comecei a estudar sobre todo o movimento das startups, que na época estava nascendo. Já tinha pensado em vários nomes para um e-shop, mas foi numa noite, enquanto dormia, que o nome certo veio. Acordei louco para anotar: "É isso, Marketing Shop!". Imagine um lugar onde a pessoa entra e encontra todas soluções para abrir a empresa dela. Primeiro eu convidei o Felipe Mello, e ele veio suprir a necessidade de cuidar das redes sociais. Depois chamei o Ricardo Oliveira, que apareceu para cuidar da produção de sites.

A Marketing Shop merece esse item especial porque foi o embrião da minha sociedade com o Ricardo e que faria com que eu me aliasse aos sócios da XTECH COMMERCE, em um futuro que estava por vir. Além disso, quero reforçar que os tropeços acontecem e que eles são importantes. A queda foi essencial para que eu entendesse a importância de ter clareza sobre os negócios em que atuaria e de cuidar do crescimento com consistência e maturidade. Passei a entender o que significava ser empresário. Hoje, só posso pensar: que bom que tudo aquilo aconteceu, pois foi fundamental para que eu ampliasse minhas oportunidades.

Todo mundo que tem negócio ou quer ter, precisa investir muito em um bom time

VOCÊ NÃO PRECISA SER O MELHOR EM TUDO

O que eu aprendi tendo sócios é que você não precisa ser o melhor. É preciso, sim, encontrar a sua melhor versão e evoluir. No entanto, é importante não se frustrar por sua melhor versão não ser a melhor do mundo. Ninguém nasce melhor do mundo. Eu devo muito ao Ricardo Oliveira e ao Jordão Bevilaqua, meus sócios. As pessoas me dizem: "Nossa, você tem só um pouco mais de 30 anos, mas já ganhou até prêmios. Que legal, você é muito bom", mas nada disso eu conquistei sozinho! Eu não teria ganhado nada se não fossem meu time e meus sócios. Todo mundo que tem negócio ou quer ter, precisa investir muito em um bom time. É fundamental ter as pessoas certas ao seu lado. Gosto de falar isso porque é fundamental reconhecer o trabalho deles, a importância de cada um.

Com o Ricardo, a história é antiga. Nossos pais eram amigos; meu pai começou prestando serviços para o avô dele na Protege; depois meu pai e o pai dele ficaram muito amigos. Fizemos algumas viagens juntos desde os 2, 3 anos de idade. E assim continuou. Depois o pai dele teve um problema na empresa e chegou a quebrar. Mas a amizade continuou. Eu, Ricardo e Felipe, que era o outro irmão dele e que também trabalhou comigo na época da Conceitual, sempre tivemos uma relação muito legal, éramos muito amigos. Tem uma foto minha com o Ricardo em que estamos fantasiados de Batman e Robin (ou de Batman e Superman, não lembro direito). Sempre tivemos essa ligação e nos demos bem desde pequenos. No entanto, fazia um tempo que estávamos mais distantes, até que ele estagiou para mim na minha agência, e nos reaproximamos; depois da agência ele foi trabalhar com o irmão. Um dia, já mais velho, eu precisei de alguém para resolver um problema, e o Ricardo foi esse cara. Na hora eu disse: "Cara, vamos fazer juntos, você precisa ser meu sócio". Ele também estava em uma época de mudanças na vida. Logo depois surgiu a ideia da XTECH COMMERCE.

O Jordão, por sua vez, era um cara que eu não conhecia até o dia em que ele, por intermédio do Rui, contratou a minha agência, a Marketing Shop, para atender a empresa para quem ele prestava serviço. Em nossos contatos, senti que aquele cara não aceitava as opiniões facilmente e ficava batendo de frente, mas sempre com muita propriedade no que falava. Um dia, na empresa, a gente começou a se relacionar melhor. Passamos a nos encontrar mais vezes e a trocar várias ideias. Em uma ocasião, eu falei: "A gente vai fazer um negócio junto. Eu gosto muito desse seu estilo objetivo e focado. Até meio grosso, mas eficiente. Acho que, para uma empresa criar uma boa rotina, tem que ter alguém assim. Nunca fui um cara do dia a dia dentro do escritório". Acredito que existam dois perfis de sócios: os que trabalham na empresa e os que trabalham para a empresa.

Então, um dia ele comentou comigo, em um jantar na casa dele, que estava querendo coisas novas. Nessa mesma época, eu tive um problema na empresa e abri o jogo para ele: "Eu entendo muito de botar a loja no ar, de fazer a operação, de fazer vendas, mas eu não tenho um cara especialista em marketing para fazer outra pessoa vender. Eu preciso ter esse cara aqui dentro para me ajudar, alguém com experiência prática". Ele me falou o que queria, eu disse o que eu achava. Resultado: ele largou o emprego, no qual ganhava superbem, para ganhar um terço e entrar na briga comigo.

Nessa época, ainda não existia a XTECH COMMERCE, era tudo Marketing Shop. Ele, então, veio e absorveu a operação toda. Pela diferença de estilos, nosso início foi muito complicado. Depois entendemos o que cada um podia oferecer de melhor para o negócio. Com o tempo, começamos a nos dar muito bem, e ele foi o cara que proporcionou que eu tivesse tempo para focar com o Ricardo na XTECH COMMERCE, enquanto ele tocava a outra empresa. Até o dia que percebemos que tudo tinha que virar XTECH COMMERCE e nos juntamos. Aumentei a participação dele e do Ricardo na empresa, sentindo que ali "tinha coisa". O negócio estava começando a entregar resultado, e eles estavam se dedicando bastante. E assim eles foram se tornando sócios mais relevantes, o negócio principal foi virando XTECH COMMERCE, não mais Marketing Shop e XTECH COMMERCE.

A formação de nossa sociedade – um ponto-chave para o sucesso de qualquer empresa – foi resultado de uma soma de fatores. Nós três já nos conhecíamos de outros tempos, mas nos reencontramos no momento certo, com o mesmo mindset, com as ideias focadas e bem-alinhadas, tendo um propósito e conseguindo canalizar isso de forma simétrica e vivendo cada ciclo da melhor forma possível. Gosto quando olho para trás e vejo esse acontecimento orgânico, espontâneo. Nada foi forçado nem mesmo planejado ou premeditado. De início, nem estávamos prontos para um negócio dessa proporção, mas o percurso nos deu tempo de crescer e nos preparar. A determinação dos três era imensa. Já tínhamos vivido muita coisa profissionalmente, já que começamos muito cedo e passamos por situações das mais adversas. Olho para trás e vejo muito trabalho e muita resiliência. Percebo diversos *day ones*, vários desafios, momentos em que eu não tinha o menor controle emocional para lidar com os erros – e quem segurou a onda foram meus sócios. Agradeço todos os dias por ter encontrado essa sintonia com eles. Não foi fácil, tivemos que nos superar muitas vezes, o que exigiu bastante autoconhecimento e amadurecimento no decorrer da execução da nossa visão. Exigiu muito de nós, mental e fisicamente. E acho que também exigiu muito de nossas famílias e nossos amigos. Agradeço muito a eles também.

A VIDA DE UM EMPREENDEDOR *BOOTSTRAP*

Ser *bootstrap* é, resumindo, não ter investidor. Hoje boa parte das startups corre atrás de um investidor para conseguir chegar aonde precisa, muitas delas fazem isso até mesmo antes de faturar o primeiro real. No meu caso, como eu já tinha uma agência, um negócio, acreditei que o meu investidor era meu cliente. Então sempre tive esse mindset de "se meu negócio é bom, tem alguém que vai querer comprar o que estou vendendo". Se a minha solução vai resolver um problema, há alguém com esse problema a fim de pagar. Sempre construí a minha credibilidade em cima disso. Em vários momentos, cogitamos pegar um investimento, mas percebi que isso ia demandar uma energia grande com o lado administrativo, de controle, e esse processo prejudicaria a visão do negócio.

Aceitamos assumir o risco mensurável. Para quem começa uma empresa, é importante ter acesso a dados e a números para saber o risco que está tomando. O *bootstrap* significa aumentar bastante o risco que vai ser assumido, porque sugere ter um negócio por conta própria, construído com o próprio rendimento, o próprio lucro, sem rede de segurança. Isso é muito agressivo, mas também traz muitas vantagens. Por que preferimos seguir por esse caminho? Porque a gente sabia que era um mercado altamente competitivo, sabia que não era um mercado sedutor, com muitos investidores querendo entrar, e sabíamos que as janelas de compra do nosso negócio poderiam ser curtas se a gente o fizesse muito bem-feito. Além disso, um investidor, além de levar uma boa parte da grana quando tudo começa a dar certo, poderia atrapalhar o acordo de uma possível venda querendo colocar a gente para valer mais, pressionar. Então sempre existiu essa questão.

A minha experiência é que o *bootstrap* é muito exaustivo, pois exige um foco muito grande para o negócio. Ser *bootstrap* é construir uma empresa que gere resultado financeiro para a empresa, e só depois para você. O que fizemos em relação a investimento na XTECH COMMERCE foi envolver os sócios da Marketing Shop, a empresa que havíamos aberto antes. Ao lançarmos a XTECH COMMERCE, esses sócios não queriam mudar de um negócio para o outro, não entraram na sociedade. Eu falava que a gente queria construir algo, estávamos focados nisso, e eles acreditavam no nosso propósito, na execução, embora não quisessem entrar com tudo porque não acreditavam na nossa gestão administrativa, no nosso financeiro. Por falta de *report*, falta de controle.

O que fez a diferença para conseguirmos crescer como empreendedores *bootstrap* – e que eu acredito muito e vou continuar falando – foi a execução. É comum valorizar muito o ideal, criando uma expectativa gigante em torno da ideia, uma planilha cheia de números. Não raro, ouvem-se empreendedores incipientes falando: "Meu mercado é milionário, vou conseguir 3%, 5% disso. Olha aqui...", ou veem-se startups com *valuation*[2] lá em cima, às vezes levantando muito dinheiro, e o fundador comemorando, acreditando que naquele momento ele venceu. Contudo, ele só aumentou a própria responsabilidade de entregar um negócio coerente com toda a promessa feita. Esse deslumbramento foi algo que nós driblamos o tempo inteiro na XTECH COMMERCE, apostando que tínhamos um produto que os clientes do outro lado queriam comprar e que conseguiríamos o dinheiro necessário direto com o cliente, validando o nosso produto.

O foco em execução, a criatividade na criação de canais de venda e o pensamento constante em como monetizar para tornar o negócio viável fizeram com que déssemos o "pulo do gato" para escalar o produto muito rápido. Entramos em um mercado altamente competitivo. Por isso, ouvi de muita gente que eu era maluco, que estava montando um negócio onde já havia um monte de empresas com muito investimento, incluindo a VTEX, ou com muito tempo de mercado – 10, 15 anos –, com prédios próprios, muitos funcionários... E eu estava construindo uma plataforma em uma sala de 25 metros quadrados na Tijuca para competir com essa gente. Como é que eu, esse moleque, ia ven-

---

[2] *Valor de uma empresa para o mercado.*

der credibilidade e conhecimento no meio deles? Deveria ser maluco mesmo. A própria VTEX tentou me convencer a ser um vendedor deles na época.

No entanto, em três anos fizemos tudo muito bem-feito: criamos mais de 45 mil lojas a partir daquela salinha de 25 metros quadrados, conseguimos transacionar 537 milhões de reais e criamos uma rede com mais de 1.860 parceiros. Tudo isso sem levantar um real de investidor. O que nos fez persistir o tempo todo foi o fato de termos a visão de que o que puxa a inovação não são as novas tecnologias. Não era necessário inventar uma tecnologia. O que era preciso era um novo modelo de negócio, uma nova maneira de as pessoas comprarem uma plataforma e acreditarem na efetividade dela.

As empresas que hoje mais crescem não são as que inventam algo, mas as que reinventam, que melhoram algum processo. O Facebook, por exemplo, não foi a primeira rede social, já existiam diversas redes sociais quando ele foi lançado. A Uber não inventou a mobilidade urbana, já existia um monte de aplicativos. O Airbnb inventou a hotelaria? Não, ele só reinventou o modelo de negócio, e sua tecnologia nem é complexa. E assim é com WhatsApp, Instagram e tantas outras. Elas simplificaram coisas que já existiam.

As pessoas têm mania de achar que elas precisam ser inventoras, por isso querem inventar coisas. É comum alguém me dizer: "Ah, eu queria começar um negócio, mas não sei por onde, então queria inventar algo". Não, não tem que inventar nada, o empreendedor tem que ser executor, tem que fazer o que já existe só que de um jeito melhor, mais inteligente, mais barato. O segredo está aí: reinventar as coisas. Isso é ser empreendedor, isso é ser genial.

Aprendi que a inovação está muito mais ligada a mindset e cultura do que à tecnologia. A inovação deve ser muito mais no processo, no modelo de negócio e na forma como as coisas são feitas.

TRABALHE PELO SEU NEGÓCIO, NÃO O CONTRÁRIO

Quando falo do meu perfil vendedor, de networker, pode ser que eu passe aquela impressão de que não ligo para gestão financeira. Realmente, não é meu ponto forte, e isso foi apontado pelos meus "quase" investidores, como já contei. No entanto, preciso deixar claro que esse é um ponto essencial. Se você não for bom nisso, encontre um sócio, alguém confiável para assumir a gestão financeira. Preste atenção nisto: desde o nascimento, a empresa precisa ter as contas da pessoa física separadas das contas da pessoa jurídica. Eu cometi o erro de misturá-las durante um longo período. Como sócio majoritário, por muito tempo eu retirava dinheiro conforme a minha necessidade. Eu não entendia por que a empresa não crescia. Às vezes eu até falava: "Pô, esse negócio não dá dinheiro". Mas, na verdade, era eu que estava sempre tirando demais do negócio. Um dia, meu primo Roualli Trindade, que é o fundador da CGD Consultoria, fez uma auditoria e disse: "Cara, se você continuar assim, seu negócio nunca vai crescer. Porque em vez de você trabalhar para ele, ele está trabalhando para você". Foi a primeira vez que eu aprendi algo sobre gestão: um negócio precisa de recursos para crescer e se tornar algo maior. Quem tem que enriquecer é a empresa, e seu enriquecimento pessoal vai ser consequência disso. Consegui separar as minhas contas pessoais das contas da empresa. E tudo isso foi um marco na mudança rumo a um novo modelo de gestão, passando de um negócio que gerava receita para mim a um negócio que gerava receita para o próprio negócio.

Ser bem-sucedido para mim é ter liberdade, encontrar o equilíbrio e ser realizado financeiramente. "Muito risco e pouco ego", esse é outro segredo para você conseguir encontrar a riqueza. Meu pai (sempre ele!) falava que empresa tem que ter duas gavetas: uma de entrar dinheiro e uma de sair dinheiro. E tem que sempre sair menos do que entrar. Essa é a fórmula básica de qualquer negócio. Você precisa entender que pouquíssimos negócios (menos de 1%) serão como a Uber, o Facebook, que recebem milhões de investimentos e depois geram fortunas colossais, mesmo dando prejuízo. São modelos diferentes. No modelo *bootstrap*, de negócio tradicional, você tem as tais duas gavetas: a que entra dinheiro, a que sai dinheiro. E tem que entrar mais do que sair. Ponto final.

Desde o primeiro dia, faça a precificação certa, calcule uma boa margem, previna-se para os momentos difíceis. Isto é importantíssimo: a maioria dos negócios quebra nos primeiros cinco anos; de cada dez negócios, seis vão falir antes desse prazo[3].

Não precisa se apavorar com essa estatística. Você obviamente vai ter momentos difíceis. Por isso, é preciso ter resiliência, é necessário adotar e manter um estilo de vida compatível com o de quem está abrindo um negócio, de quem está começando a criar algo. Sua vida pessoal precisa estar em sintonia com sua vida profissional. Esse equilíbrio faz toda a diferença. Não adianta querer construir um negócio e sempre frequentar baladas e happy hours, comprar roupas novas, viajar, deixando a empresa esperar você voltar enquanto você gasta o dinheiro. Esse não é o seu momento de vida. É hora de entrega, de humildade e de equilíbrio.

Nada disso é fácil de colocar em prática. É por conta dessas decisões difíceis que a persistência é tão essencial para que você alcance um patamar de sucesso. Independentemente do tempo que seu negócio tem, você precisa persistir e entender que as coisas vão acontecer no seu tempo, e podem ser aceleradas dependendo da sua intensidade de execução e entrega. Cada um vive no seu relógio, não importa se você tem 18 ou 50 anos: o sucesso financeiro está dentro desse seu relógio de vida. Não existe talento, não existe conhecimento, não existe networking, não existe sorte, não existe estar no lugar certo na hora certa. Nada disso existe se você não tiver persistência. Pude comprovar isso diversas vezes ao longo desses mais de dez anos. Não gaste seu tempo e sua energia olhando com inveja para a exceção dos outros (os milionários da noite para o dia com negócios disruptivos), porque está todo mundo no seu próprio tempo. Você pode ser o Ray Kroc e ficar rico com o McDonald´s aos 68 anos ou o Mark Zuckerberg e criar o negócio da sua vida na casa dos 20 anos, ou ainda estar bem no meio disso. Seu plano pode ser consistente, sua execução pode acelerar o processo, mas seu controle mental, sua consciência vão fazer toda a diferença ao longo desse percurso. Não há como garantir quando vai dar certo, ninguém consegue prever

---

3   UOL. *De cada dez empresas, seis fecham antes de completar 5 anos, aponta IBGE. Disponível em:* <https://economia.uol.com.br/empreendedorismo/noticias/redacao/2016/09/14/de-cada-dez-empresas-seis-fecham--antes-de-completar-5-anos-aponta-ibge.htm>. *Acesso em: 20 abr. 2019.*

os obstáculos e as surpresas do caminho (ligados ou não ao negócio – afinal, qualquer um de nós pode ficar doente ou ganhar na loteria). O desafio hoje é este: entender que seu tempo é seu tempo e as coisas vão acontecer no seu ritmo. O que você pode fazer, se quiser que as coisas aconteçam mais rápido, é acelerar a intensidade de sua ação.

EMPREENDER É UM ESTADO DE ESPÍRITO

Na minha visão, empreender é um estado de espírito, sabe? Não é ter um CNPJ, porque isso é ser empresário. As pessoas confundem, a mídia vende muito a ideia "seja empreendedor, tenha sua própria empresa". Contudo, é possível ser empreendedor sendo estagiário, sendo funcionário, sendo proativo, criativo, sabendo virar o jogo. Também é possível ser empreendedor sob outra perspectiva: sendo um gestor, um diretor de empresa, ou seja, estar numa fase mais administrativa, de botar a casa em ordem. Nessa hora, não dá para ser criativo, para revolucionar, inovar. Em diversos momentos, você tem que ser mais administrador, alguém mais passivo do que proativo. Faz parte do equilíbrio do negócio. Por isso, digo que empreender é um estado de espírito. Significa saber potencializar os momentos bons e os momentos criativos, e saber administrar aqueles momentos que não são tão favoráveis.

Numa noite, eu estava em um restaurante com meu pai, voltando de uma balada (houve uma época em que eu saía muito, estava meio perdido, meio deslumbrado), e meu pai falou: "Você está achando o quê da vida? Que vai começar já sentado em uma sala, com secretária, toda estrutura do mundo só esperando pelas suas ordens? Não é assim não, você tem que começar fazendo, tem que começar aprendendo, executando. Você tem que começar tomando porrada, trabalhando com a mão na massa, fazendo as coisas para depois poder dar ordem, para depois poder ter pessoas abaixo de você para delegar". Isso me marcou muito e se tornou a minha definição de empreendedorismo mais tarde. Tudo que ele disse naquela noite seria confirmado.

Empreender é tirar as coisas da inércia. Sair um pouco da teoria, selecionar bem as pessoas que você precisa ter ao seu lado e partir para a ação. A execução vai exigir que você diminua o número

Sorte e sucesso são o encontro da oportunidade com o preparo

de insights e tente ser uma pessoa muito prática. Meu conselho para você é criar metas diárias: sempre coloque alguma em prática, todos os dias. Escolha o momento de parar de buscar cursos, *masterminds* etc. e comece a execução para não virar, como o meu pai dizia, um estudante profissional – alguém com muito conteúdo teórico, mas com pouca visão prática, uma pessoa insegura na hora de agir.

A vida não acontece na teoria, ela não acontece nos livros, ela não acontece nos filmes. A vida acontece na prática. Os livros e os filmes ajudam a ter a reação certa, o conhecimento para resolver um problema, mas isso não é o principal. A vida é a reação das suas ações. Então, para você conseguir que a vida reaja, ofereça oportunidades e coloque as coisas na sua frente, é preciso agir para que ela possa também facilitar as situações e coloque boas oportunidades no seu caminho. E aí, para isso, você precisa estar preparado. Dizem que sorte e sucesso estão interligados. Sorte e sucesso são o encontro da oportunidade com o preparo. Por isso é necessário que você esteja sempre preparado, sempre em movimento para encontrar e criar oportunidades. Caso contrário, milhares de oportunidades vão passar diante de você e, se não estiver preparado para agarrar pelo menos uma delas, elas vão embora – e aí você vai culpar o governo, o mercado, o concorrente, a falta de sorte... Mas foi você quem deixou o bonde passar.

#BORAVENDER

Não existe atalho, tem que manter a constância.

@alfredosoares @boravender

#BORAFAZER

Escreva os top 5 insights que você teve durante a leitura desse capítulo e faça o seu plano de ação

1. _____

2. _____

3. _____

4. _____

5. _____

PLANO DE AÇÃO

O QUÊ?

_____
_____
_____
_____
_____
_____
_____
_____

POR QUÊ?

_____
_____
_____
_____
_____
_____
_____
_____
_____

COMO?

QUANDO?

3. TODOS SOMOS VENDEDORES

Toda grande empresa começou com a primeira venda. Sem exceção. Tudo tem um início, e esse início é quando o primeiro cliente decide colocar o dinheiro dele naquilo que você oferece.

A melhor definição de vendas que eu vi foi do Raul Candeloro, um dos maiores especialistas da área de vendas e gestão do Brasil: "Vender é ajudar o cliente com o produto ou serviço que você vende, com lucro para a empresa". Ou seja, é conseguir de verdade ajudar o cliente com alguma dor que ele tenha e satisfazer a necessidade dele agregando uma ótima experiência. Porque se você só cura a dor e não encanta o cliente, não vai haver fidelização, o cliente não volta nem divulga seu produto ou serviço. Sabe quem é vendedor hoje? Todo mundo. Não existe outra profissão, você pode ser especialista em outra coisa, mas vai precisar se vender o tempo todo, vender o negócio e a si mesmo.

Vender, para mim, significa ação, significa encantamento, empoderamento. Porque vender é resolver o problema de alguém. É muito mais do que trocar um produto ou serviço por dinheiro. A palavra "vender" poderia tranquilamente ser substituída por "conquistar", ainda mais num momento em que a oferta de mercado é tão grande que você precisa seduzir, encantar e fidelizar o cliente. Os produtos e serviços são *commodities*.

Sempre haverá um produto mais barato que o seu, ou talvez até um pouco melhor. Então, se o vendedor é bom, ele é necessariamente um conquistador. Muitos bons vendedores ainda não se reconhe-

> **Vender coisa grande e coisa pequena não tem diferença, é preciso ter o *feeling* em relação à necessidade do cliente**

cem assim. No entanto, eles são, pois conseguem comunicar uma solução, conectar o networking, encantar o cliente e, principalmente, resolver o problema de alguém. Tanto que acredito firmemente que hoje não existe mais SAC (Serviço de Atendimento ao Cliente), pois qualquer SAC hoje é marketing, vendas, precisa atender o cliente para resolver e continuar vendendo para ele. E, ainda por cima, conseguir uma indicação depois.

Venda é uma ciência que combina investigação, inteligência, comunicação e superação de objeções. Para ter sucesso em vendas, tem que ser apaixonado por resolver problemas. Sua essência é o sucesso que seu cliente conquista com a sua ajuda.

Uma marca de roupas não vende tecido cortado e costurado. Ela vende autoestima, a sensação de se sentir bem, bonito e valorizado por conta do uso de seus produtos. Ela vende posicionamento social. A arte de vender hoje está muito ligada a *branding* e a tudo de intangível que você oferece.

Vender uma empresa ou serviço é a mesma coisa. Eu vendia dezenas de lojas por mês para a XTECH COMMERCE e depois passei pela negociação para vender o negócio inteiro. É um jogo de equilíbrio, o alinhamento de interesses e a gestão de expectativas entre as partes. Vender coisa grande e coisa pequena não tem diferença, é preciso ter o *feeling* em relação à necessidade do cliente. É alinhamento de interesses e gestão de expectativas entre as partes.

VENDEDOR É NETWORKER

Sempre me achei um cara carismático, comunicador. Chegava nos lugares e começava a conversar com as pessoas naturalmente; eu não era do tipo que fica no canto de uma sala de reunião esperando para ver se vai ter espaço para falar. O espaço é você quem faz, você não pode se encolher. E eu sempre defendi muito o que estava levando comigo.

Boa parte do segredo está em não aceitar perder. Se você tomou um "não" é porque não se comunicou direito, então não pode só virar as costas e sair fugindo depois disso. Tente de novo, converse, abra novos caminhos. Muito antes de vender produtos por dinheiro, eu vendia meus projetos, meus desejos, minhas vontades, negociava com meu pai, com o técnico, com o time, eu falava com quem precisasse para conseguir algo. Levar um "não" é o de menos, porque sempre existe outro caminho para chegar ao mesmo lugar.

Sempre fiquei muito feliz quando conseguia convencer as pessoas a fazer o que eu queria, de ir à festa que eu queria, de sair no horário que eu queria. Eu digo que sempre fui um vendedor nesse sentido: desde que eu me lembro (e meus pais confirmam), ou seja, desde muito cedo, sempre consegui convencer todo mundo do que eu queria. Podia ser até para conseguir um presentinho muito simples, lá estava eu trabalhando para virar o jogo para o lado que eu queria.

Mesmo sem falar qualquer outro idioma, já convenci inúmeras companhias aéreas a me trocarem de assento no avião e ainda conseguia um desconto, principalmente na época de "vacas magras", quando qualquer benefício significava muito no fechamento da empresa no fim do mês. E meu pai, como em tudo, teve um grande papel em me moldar dessa forma.

Ele sempre me ensinou a pedir desconto, a chegar nos lugares e a desenrolar um benefício, um produto melhor, uma vantagem, a pedir alguma coisa, porque sempre existe uma negociação mais interessante do que aquela que lhe oferecem de cara. E um bom vendedor adora explorar isso com você. Mesmo se for o garçom do bar da esquina, ele vai trabalhar uma vantagem para fidelizá-lo.

Meu pai me estimulou a ser esse cara, a ser bem-relacionado, a ser alguém que conversa com todo mundo sem restrições,

> **Tudo na vida vai; suas atitudes e seu caráter são as únicas coisas que vão passar de geração a geração**

sem pressa, tentando fazer as pessoas gostarem de mim. Também me ensinou que tudo na vida vai; suas atitudes e seu caráter são as únicas coisas que vão passar de geração a geração. "Sua palavra, meu filho, é o que vai perpetuar." Eu precisava ser uma pessoa que se relacionava muito, que negociava sem medo, mas que entendia o peso daquilo que eu dizia, porque faltar com a palavra derruba a credibilidade que você demora muito para construir.

Em minha trajetória como vendedor, valorizei bastante a persistência e o networking, mas entendi que é preciso dar muito valor à palavra para construir sua rede. Vi meu pai sendo esse cara, querido por todo mundo. Se você for honesto, sincero, o cliente volta com o maior prazer. Por outro lado, se não for, a informação se espalha mais rápido que fogo na pólvora.

AS TENDÊNCIAS PARA QUEM VENDE

Hoje as mudanças não precisam sequer de um dia inteiro para acontecer. Com a influência do meio digital, a informação chega muito rápido ao cliente, e isso faz com que todos os *players* se reposicionem em tempo recorde. Para você ter uma ideia, houve épocas na XTECH COMMERCE que a LOJA INTEGRADA (nosso maior concorrente e muito mais poderoso do que éramos) lançava qualquer recurso e nós corríamos atrás para lançar a mesma coisa em 24 horas. Ser um bom vendedor continua sendo essencial, é claro. Mas não basta ser *só* um bom vendedor porque hoje a informação chega ao cliente por todos os lados, a todo instante e, hoje em dia, entre 50% e 70% das vendas são perdidas por conta do cliente não tomar uma decisão.[4] Até não muito tempo atrás, antes da popularização da internet, o vendedor falava tudo o que tinha para falar e você acreditava ou não; logo depois você formava suas opiniões, podia pesquisar um pouco, mas era limitado o espaço para questionar quem vendia algo para você antes de efetivamente comprar. Hoje você busca opiniões antes de se relacionar com o vendedor. O funil de compras mudou muito.

Antes o cliente buscava informações sobre o produto com conhecidos, comprava e depois deixava a sua opinião caso o vendedor fizesse pós-venda ou quando outra pessoa lhe perguntava sobre o mesmo produto. Hoje, o cliente busca opiniões antes de comprar. É por isso que as marcas mandam seus produtos primeiro para um influenciador digital testá-los, pagando por uma opinião. A rapidez da comunicação fez a dinâmica de compras mudar muito.

A transformação acontece por conta desse poder de compra em uma mão e do acesso facilitado a qualquer informação na outra. Você pode estar assistindo a um filme no cinema e, de repente, ao ligar o celular vê que já estão oferecendo a jaqueta de couro do *Missão impossível*. Aquela jaqueta de couro aparece em 10 sites diferentes do mundo todo, e você pode comprá-la escolhendo o fornecedor com o preço mais barato, a entrega mais rápida, ou aquele que vai oferecer um cupom de desconto para a próxima compra. Você não precisa mais procurar em shoppings, ir de loja em loja, falar: "Pô, tem uma jaqueta parecida com aquela do filme?", e no fim conseguir uma parecida, mas que não é exatamente o que você queria. O momento e a forma de compra, a ordem de compra e de procura têm mudado completamente. É isso que está acontecendo – e de forma muito acelerada.

A compra hoje está muito mais ligada a uma série de fatores que as marcas precisam construir, como valor social, responsa-

---

4   E-COMMERCE BRASIL. **Cinco regras de ouro para maximizar a conversão no e-commerce.** *Disponível em:* <https://www.ecommercebrasil.com.br/artigos/cinco-regras-de-ouro-para-maximizar-conversao-no-e-commerce/>. Acesso em: 07 mai. 2019.

Elementos-chave dos grandes vendedores: empatia, disciplina, curiosidade e paixão pelo que faz

bilidade socioambiental, entre outros. Agora estamos dando valor para coisas intangíveis, que vão além do produto e do serviço. Enquanto compramos, estamos sempre em busca de uma experiência diferente.

Quando temos uma ideia de negócio, o que mais importa é para quem você vai vender. Na XTECH COMMERCE, nosso objetivo era criar um negócio escalável, então nossa preocupação, nosso investimento e nossa energia eram focados em atrair muita gente, muitos *leads*, e fazer uma marca forte para nutrir e converter esses *leads* (contatos) em clientes o máximo possível. Sabíamos que não havia como agradar todo mundo, porque ninguém consegue agradar a todos o tempo todo na vida, mas focávamos na escala e no alcance.

Alguns grandes vendedores me inspiraram nessa jornada. Eles representam o encontro dos elementos-chave dos grandes vendedores: empatia, disciplina, curiosidade e paixão pelo que faz. Entre eles estão Thiago Concer, Guilherme Machado, Raphael Lassance, Thiago Reis, Mariano Gomide. Faustão, por exemplo, é um vendedor que eu admiro: com muita empatia, ele vem transformando atenção em receita há décadas. Você nunca tinha pensado no Faustão como vendedor? Pois ele é, e dos bons. Os bons vendedores são autênticos e vendem de forma natural, criando uma forte conexão com o cliente.

MITOS SOBRE VENDAS

Se você procurar a palavra "mito" no dicionário, vai ver que ela é definida como algo "que tem um fundo de verdade". Vejamos então alguns mitos ligados a vendas – e quais são seus fundos de verdade.

1) Vendedor tem que ter lábia. De novo, se você procurar o significado de "lábia", está lá: "artifícios para persuadir e convencer". Ora, convencer as pessoas não é uma atividade de quem vende? No entanto, os artifícios na verdade não têm nada de artificiais, porque isso faz parte do mito de que o vendedor é um cara malandro, que esconde o jogo, que não vai dar toda a informação, e o cliente acaba sempre em desvantagem. Isso é bem antiquado e não é mais assim! Você vai precisar oferecer um benefício claro, uma solução e uma condição boa para seu cliente. Tudo isso se negocia.

É preciso parar com essa noção de que para ser vendedor precisa ser bom de papo. Hoje existem vários perfis de profissionais. Um bom escritor atualmente pode ser um ótimo vendedor por e-mails e redes sociais; um matemático pode ser um excelente vendedor de produtos financeiros, por exemplo, em que dominar os números é a habilidade que comanda a transação. O que quero dizer é que todos temos que ser vendedores e que existem vários tipos de vendedor, todos muito distantes desse estereótipo do cara bom de conversa e que acaba "enrolando o cliente". Muita gente ainda pensa naqueles vendedores picaretas de carros com defeitos dos filmes. Esqueça. Isso ficou no passado. A venda não acontece no pagamento, e sim na entrega da solução.

2) Vendedor nasce pronto. Acredita-se que ele tem esse talento desde que surgiu no mundo. Algumas habilidades ou talentos são realmente natos e isso colabora para a execução de algo que naturalmente outra pessoa não tem. Tudo bem, isso tem um fundinho de verdade. Mas a real é que a habilidade de vender pode ser desenvolvida como qualquer outra: exige a busca de conhecimento, bons mentores, tentativa e erro, momentos de queda e momentos de glória. Como em tudo na vida, quanto mais você faz, melhor fica.

3) O cliente sempre tem razão. Muitas vezes ele não terá, e você precisa esclarecer para ele os pontos em que seu produto simplesmente não vai atender à necessidade dele, ou se a necessidade dele é ilusória e você nunca terá como atendê-la. Já tivemos embates com clientes e dispensamos clientes que simplesmente não tinham sinergia com a XTECH COMMERCE. Eles não tinham ra-

Resumindo: o bom vendedor não pode parar

zão e não havia por que manter a relação.

4) Vender é para poucos. Mais uma mentira, com um fundo de verdade (ou não seria um mito). Vender é para qualquer um. Porém, ganhar bastante dinheiro com vendas é para poucos, para quem consegue se destacar e se superar. Esse é o resto da verdade.

Para ser um vendedor muito bom você precisa ter um *set* de *skills*, de habilidades. Não vou esconder o jogo, o primeiro conceito é entender que não existe mais pessoas amadoras na área de vendas. Vamos voltar para algo antigo: desenvolver o CHA (Conhecimento, Habilidades e Atitudes). Se você aplicar uma prova para cada um desses três pilares de vendas, verá que existe uma grande parte dos vendedores que dificilmente tirariam nota 7. Você precisa fazer a sua lição de casa para além do momento de oferecer algo. Isso significa conhecer produto, mercado, concorrência, clientes e tendências.

Depois disso, parta para melhorar suas habilidades com prospecção. Um vendedor é alguém que se conecta à pessoas e aprimora a arte de fazer perguntas, de fazer o fechamento da venda sem medo e sem perder o timing, que estuda os contornos de objeção do cliente, faz gestão do tempo e sabe trabalhar um excelente pós-venda. E ainda tem atitudes como resiliência, bom senso e automotivação. Não é possível você se desanimar em dias difíceis, em momentos de pouco fluxo. E todos esses temas são abordados por milhares de livros, vídeos, treinamentos. A informação está aí, disponível para quem está disposto. Porque um problema grave é vendedor que não estuda e depois vira dono de empresa ou gestor e multiplica todos os seus erros nos liderados. Você precisa ser alguém que desenvolve o CHA e ainda tem a capacidade de estender isso nas próximas pessoas que vai liderar, para propagar o conceito de excelência.

Um bom vendedor precisa contar com um raciocínio lógico muito bom. Com isso, ele consegue ter reflexos rápidos e avaliar situações sem vacilar. A comunicação e a capacidade de marketing pessoal também são importantes. Mas, mais do que uma lista de qualidades, o bom vendedor está sempre se desenvolvendo, evoluindo. Resumindo: o bom vendedor não pode parar.

VENDER NÃO É SÓ PARA A EQUIPE COMERCIAL DO SEU NEGÓCIO

Quero que você não tenha dúvidas sobre a importância de se assumir como vendedor. Se você está construindo algo bom, relevante e que pode gerar bons resultados para muita gente, por que ter medo de vendê-lo?

O crescimento do seu negócio está diretamente relacionado a essa decisão. E você precisa tomá-la agora! Se não, tudo o que conversarmos aqui será apenas uma conversa legal, e eu quero que, ao terminar este livro, você faça acontecer, faça o que precisa ser feito e venda. O fluxo de caixa precisa girar – e tem que valer a pena para todo mundo.

O que falei sobre o funil de compras e sobre o papel do vendedor é para que você incorpore a obsessão de gerar valor para seu cliente, de colocá-lo no centro do que entrega, mas de modo que seja coerente e consistente com seu propósito. Deu pra sacar?

PERCA O MEDO DE VENDER
POR THIAGO CONCER

"Como eu faço para perder o medo e a vergonha de vender?"

Esta é uma das perguntas que mais recebo. No entanto, é importante você entender que medo e vergonha são sentimentos muito parecidos, mas não iguais.

Vergonha e medo são sentimentos de ansiedade. Podem estar relacionados a algo que está prestes a acontecer, porém, por estar no futuro, você não tem controle. Ou então, podem estar relacionados a um momento de ação, de apresentação do seu produto ou serviço para um possível cliente, por exemplo. Nos dois casos, as reações do seu corpo são muito parecidas: boca seca, aumento dos batimentos cardíacos, respiração acelerada e contração muscular.

Medo está ligado principalmente à falta de preparo para cumprir a ação à qual se propôs, algo que não lhe é comum, é novidade. Portanto, ao se preparar, você dribla esse sentimento paralisante.

Vergonha, no entanto, está ligada aos seus valores, ou melhor, a fazer algo que vá contra seus valores. Na maior parte das vezes, o profissional não tem medo de vender, mas, de outra coisa: da empresa, do produto, do preço que cobra, do cliente, da maneira como tem que executar a venda. Portanto, é preciso acreditar no que vende.

As pessoas mais ricas do mundo são vendedoras. Então, minha pergunta para lhe incomodar é: até onde você poderia chegar, o que poderia conquistar, quem poderia ajudar se não tivesse medo e vergonha de vender?

Algumas dicas para o momento de vender:

1) Goste do que você vende. Para isso, estude como o que você tem a oferecer ajuda o cliente.

2) Para cada característica do seu produto ou serviço, ofereça um benefício. Então, se não tiver um benefício claro, tire do pitch. Seu roteiro de vendas deve ser direto e objetivo, focado em resolver os problemas do cliente.

3) Tenha uma declaração de força na abertura da venda para mostrar você como um especialista naquilo que oferece. Exemplo: "Sr. Carlos, sou especialista em solução de vendas pela internet aqui da empresa X. Ajudo negócios do segmento Y a ter mais vendas. Podemos falar sobre esses resultados para o seu negócio?". Isso o ajuda a empoderar a conversa.

4) Valorize a história da sua empresa e dos negócios com os quais quer trabalhar. Trabalhar com propósito tira o peso das rotinas operacionais.

5) Antes de fazer a interação para venda, tente se aproximar do seu público-alvo de maneira interativa, via redes sociais, por exemplo. Estabelecer um relacionamento antes trará mais segurança para a sua abordagem.

#BORAVENDER

Só existe uma profissão no mundo: vendedor.

@brunovanenck
@alfredosoares @boravender

#BORAFAZER

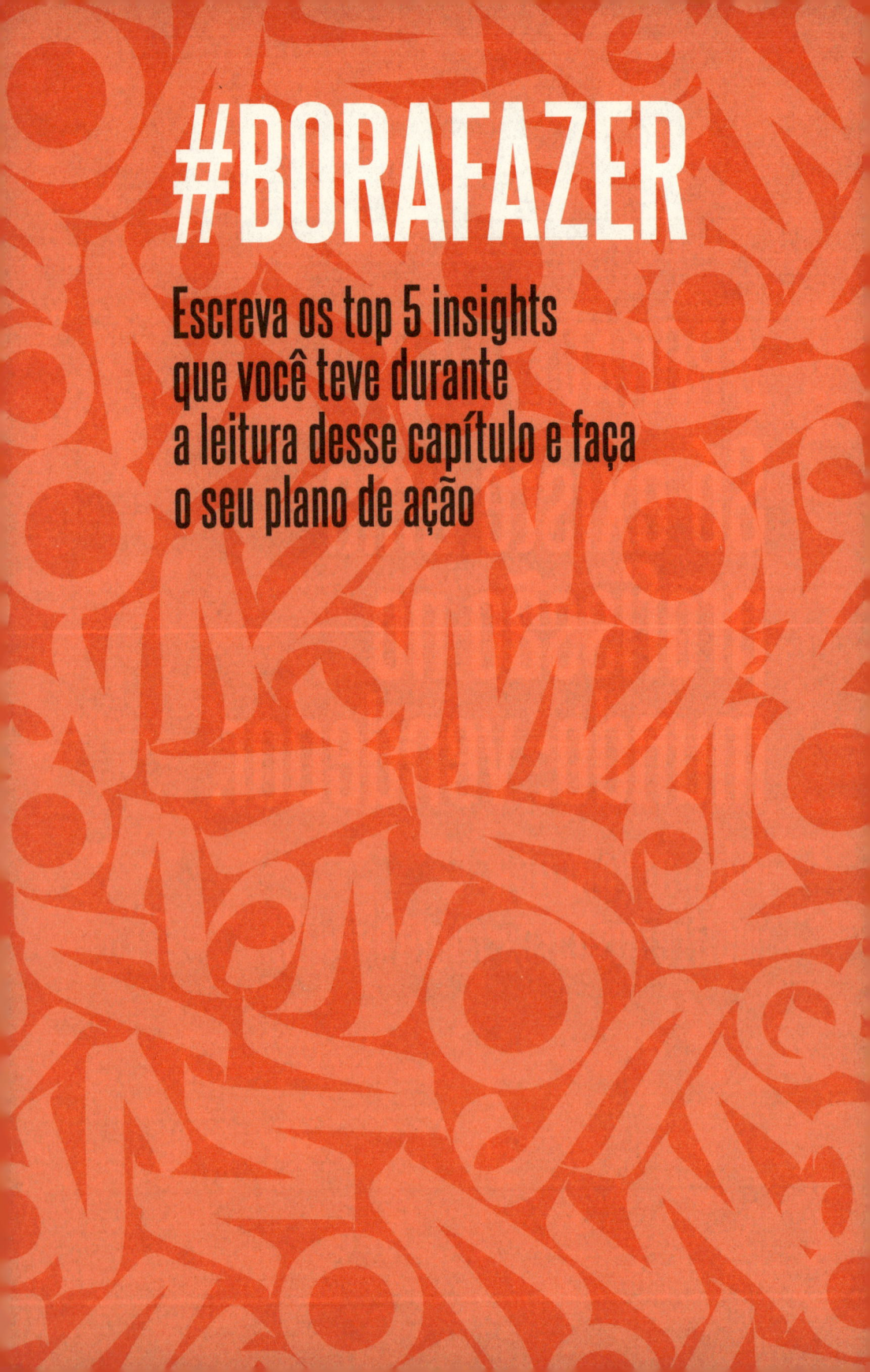

Escreva os top 5 insights que você teve durante a leitura desse capítulo e faça o seu plano de ação

1. _____
_____
_____
_____

2. _____
_____
_____
_____

3. _____
_____
_____
_____

4. _____
_____
_____
_____

5. _____
_____
_____
_____

PLANO DE AÇÃO

O QUÊ?

_____
_____
_____
_____
_____
_____
_____
_____

POR QUÊ?

_____
_____
_____
_____
_____
_____
_____
_____
_____
_____

COMO?

_____
_____
_____
_____
_____
_____
_____
_____

QUANDO?

_____
_____
_____
_____
_____
_____
_____
_____
_____

4.
FAÇA, ERRE, APRENDA E REFAÇA RÁPIDO

É NO CAOS QUE SURGEM AS GRANDES SOLUÇÕES

Errar rápido é um dos mantras do Vale do Silício. Toda a dinâmica do *fail fast* vem da cultura de interação e responsividade que vivemos hoje. Funciona assim: é melhor colocar um produto ainda não finalizado no mercado e entender o que o público acha dele, pegar o feedback e ir melhorando do que fazer tudo do começo ao fim às escuras e depois ficar com um grande encalhe (ou um grande investimento em serviço ou plataforma) porque você não foi ágil o suficiente para "testar a água" lá fora. E tudo o que importa é o "lá fora", onde está o cliente. Quando você se compromete a falhar rápido, vai ter sucesso ainda mais rápido, porque vai entender o significado de pivotar a sua ideia. Não pode ter medo do caos que vai ser gerado pelo produto no mercado, do feedback bom ou ruim, da correria que vai ser, da responsabilidade que você vai assumir perante os clientes, de tudo que pode acontecer de previsível e, principalmente, de imprevisível.

"Pivotar" é quando você enxerga que seu negócio pode e deve ser diferente para atingir o sucesso pelo qual você está batalhando. Você percebe as falhas, vê o que pode ficar melhor e muda a direção, mesmo se isso der muito trabalho – e mesmo que signifique desapegar da sua "cria", daquela ideia que parecia tão genial e que você trata como uma filha desde o primeiro dia. "Pivotar" é um jeito de enfrentar os defeitos da sua ideia (e toda ideia tem defeitos, por mais que ela pareça perfeita aos olhos de seus criadores).

"Pivotar" é quando você enxerga que seu negócio pode e deve ser diferente para atingir o sucesso pelo qual você está batalhando. Você percebe as falhas, vê o que pode ficar melhor e muda de direção

No começo, nós tínhamos a Marketing Shop, uma agência focada em micro e pequenas empresas. Sempre acreditei no micro e pequeno empreendedor brasileiro. Sempre vi o Brasil como um mercado gigante para esses empreendedores. Então, montamos um negócio focado nesse mercado. A Marketing Shop vendia sites (chegamos a vender 30 sites por mês), logotipos, cartões de visita e vários itens para pequenas empresas. Estávamos indo bem, a empresa crescia – atendíamos entre 150 e 160 contas de Facebook simultâneas. Trabalhávamos também com anúncios e mídia paga pela internet.

No meio dessa trabalheira, vimos o surgimento da demanda por e-commerce, e passamos a vender usuários no Wordpress, o que significa viabilizar um login para as empresas terem o próprio site ou blog. Contudo, percebemos também que esse era um produto muito confuso para entregar e não era escalável. Para criar e vender esses usuários, era preciso alugar outra sala. Como tudo dependia de muita mão de obra e contratação, o potencial de automatização desse negócio era nulo. Entrou em cena algo que sempre digo em minhas palestras: muitas vezes, o que importa nem é o produto que você vende, e sim o público que você domina para trabalhar. Eu comecei a prestar atenção em quem atendíamos com a agência e o que esses clientes estavam experimentando de problema e dor. Eles precisavam de sites, e para mim não valia a pena criar os sites um por um, em Wordpress. Porque na verdade o que eles precisavam não era o site: era vender pela internet. Meu público era a pequena e média empresa que queria entrar no mercado de e-commerce, por isso eles me pediam site! Por isso o site precisava ter catálogo de preços e tudo o mais. Tinha um negócio muito maior para atender esse público do que um simples login no Wordpress.

Não adianta lutar contra um problema e muito menos ficar lamentando; encará-lo oferece muito mais

O mais importante do negócio é que chega uma hora em que o canal de distribuição se torna a sua estratégia de aquisição de clientes, principalmente nesse cenário de megacompetitividade no qual vivemos. Eu já dominava o mercado de pequenas empresas e passei a identificar essa movimentação: todas iriam entrar para o e-commerce.

Comecei a pensar como poderíamos fazer isso melhor. Foi quando o Ricardo entrou, ele era meu sócio no sistema de criação de sites. Então, usamos o sistema dele para criar os sites e resolver os problemas de manutenção. Ele tinha um sistema bem legal de site-catálogo. A demanda era para que esses sites evoluíssem e não fossem apenas um site. Os clientes precisavam que seus sites fossem um catálogo, uma ferramenta de vendas. Quando o Ricardo disse: "Cara, acho que consigo fazer meu sistema virar também um e-commerce", passamos a desenvolver o e-commerce. Até então, era um recurso para a própria agência, para expandir a oferta dos nossos produtos. Isso até o dia em que fui a um evento para aprender mais sobre e-commerce e lá conheci a VTEX. Voltei encantado: "Nossa, esse mercado é incrível.

O resultado é o que importa no fim do dia

Vamos tentar fazer algo maior com esse negócio". Começamos mudando de nome: criamos a XTECH COMMERCE justamente para parecer sonoramente com VTEX. Aí nasceu a empresa que deslanchou, que levou a gente a um outro patamar. Foi um exemplo claro de pivotagem que deu certo.

Por um tempo, mantivemos as duas empresas; a XTECH COMMERCE tinha poucos funcionários, e focamos muito em agências para vender a plataforma. Eu vendia para os clientes e, aos poucos, o time foi migrando. A XTECH COMMERCE passou a ser nosso negócio principal.

Sou um pacifista, não concordo com guerras, mas analiso que muitos dos grandes acontecimentos da humanidade vêm após o caos, depois de devastações, guerras, epidemias. Após a Segunda Guerra Mundial, por exemplo, foram estabelecidos os direitos humanos, a ciência deu um salto, os países, aos poucos, passaram a interagir de forma mais intensa e evoluída. O caos obriga as pessoas a buscar novas direções. E isso sempre foi um alimento para mim: não adianta lutar contra um problema e muito menos ficar lamentando; encará-lo oferece muito mais.

TEVE O INSIGHT? "ENTÃO BORA, PORRA!"

Começamos a ver tudo aquilo, conforme eu disse, como uma oportunidade para fazer parcerias. Não havia como esperar, pedir uma pesquisa de mercado, por exemplo. Era hora de fazer o que precisava ser feito. O insight estava dado. E foi quando percebemos que existiam poucas soluções focadas no pequeno empreendedor e que elas não entregavam 100% daquilo que ele precisava em termos de automação, com a devida facilidade e agilidade. Ter agilidade não significa fazer um produto de qualquer jeito. Mesmo em um mercado que está nascendo, quando as oportunidades são muitas, meu conselho é unir agilidade com qualidade. Foi o que fizemos. O resto é a história bem legal que hoje evoluiu de uma forma incrível.

O meu amigo e assessor de imprensa, Bruno Pinheiro, costuma dizer que eu sou um trator. Acho que essa impressão vem dos meus muitos momentos de pivotagem que ele acompanhou. Repito: quando o caos acontece, você precisa reagir e entender para onde vai o negócio a partir daquele momento. É quase um mantra: "Faça rápido. Erre rápido. Aprenda rápido. Refaça rápido".

Quando nossa plataforma caiu em plena Black Friday, entendi que a partir daquele momento eu precisava me voltar para dentro da empresa, que um líder não é só da porta para fora.

Quando um desastre assim acontece, entregue-se por inteiro para a solução do problema. Não é hora de se afastar, não é hora de sumir, não é hora de ficar dando entrevista. Você precisa estar lá para a sua equipe. Eu fiquei quase 48 horas corridas dentro da XTECH COMMERCE durante essa crise, pois precisava estar lá para dar o norte para a equipe, para responder às reclamações, apoiar o desenvolvimento de uma solução.

Percebeu que o caminho da empresa está levando você para longe do objetivo? Comece a guinada sem hesitar. Não se preocupe com detalhes, e sim com os objetivos maiores. Sempre deixo claro que o que mais importa são os fins e não os meios. Nosso fim era ser o melhor serviço para pequenas e microempresas. Elas precisavam de uma boa plataforma de e-commerce, muito mais do que de cartão de visita e site. Quando isso ficou claro, o objetivo era correr atrás com muito foco e sem medo de falhar (mas, se isso acontecesse, deveríamos estar preparados para dar uma resposta à altura). O resultado é o que importa no fim do dia.

PIVOTAR É TAMBÉM UM MOVIMENTO INTERNO

Ao longo da carreira, o empreendedor pivota não só a empresa, mas também a si mesmo o tempo todo. Você precisa ter um raciocínio lógico muito rápido para entender seus erros e mudar de direção. Já mudei de direção muitas vezes. Nada é perdido, tudo faz parte da construção do seu sucesso.

Minha história de sucesso na internet é engraçada. Na verdade, eu era totalmente avesso à vida digital, era um cara totalmente do off-line, de criar marca, *branding*, do marketing, design, impresso. Afinal, como qualquer networker nato, eu sentia os negócios a partir do contato com os outros. A internet não entra naturalmente na vida de quem tem esse perfil baseado em conexões pessoais. Porém eu vi esse movimento na internet, fui estudando cases de gente que estava construindo empresas de marketing digital, de e-commerce, vi o potencial de escala e automação disso tudo e percebi que quem ficasse fora acabaria saindo do mercado.

Decidi empreender de uma forma mais escalável. O momento de fundação da Marketing Shop acompanhou minha mudança de mentalidade, de expansão, de escalar usando a internet. O movimento de startups no Brasil ainda era muito novo, então usei a internet para posicionar a Marketing Shop como prestadora de serviços, como forma de ser encontrada pelos clientes e oferecer serviços que atendessem às necessidades deles na própria rede.

Foi quando deixei de ser um cara extremamente off-line para me tornar um apaixonado pelo digital, pela tecnologia. Eu pivotei a mim mesmo. Hoje acredito que não há como viver sem internet. É possível aprender tudo pela internet, assistir a cursos do MIT, tornar-se um megaprofissional pesquisando e trocando experiências em fóruns, falando com quem entende do assunto e que está do outro lado do mundo. Atualmente, por exemplo, um fotógrafo apaixonado por fotografia noturna consegue encontrar exatamente o tipo de foto que gostaria de fazer, pesquisar quem é o melhor fotógrafo nisso e ainda se corresponder com ele, trocar ideia sobre lentes, tempo de exposição etc., com alguém que ele jamais conseguiria contatar de outra forma. Agora sou um dos caras mais apaixonados por esse universo e pela conexão da presença digital. Com imenso prazer, meu trabalho é ser embaixador e influenciador para as pessoas e as empresas se tornarem 100% em termos de presença digital. Na verdade, até corrigindo, não são 100% digitais, são 100% *omnichannel*.

Omnichannel é uma tendência que está longe de ser nova, mas só começamos a nomeá-la recentemente. Significa que todo negócio tem que ser 100% multicanal, ou seja estar presente em diversos pontos de contato com o seu cliente, por meio de chat, e-mail, conteúdo, rede social etc. Não dá para ignorar o *omni-*

channel. Não adianta mais só ser digital e acreditar que o físico é outra coisa. O multicanal exige que você faça tudo sincronizado: dê o físico com uma experiência expandida para ser encontrado de todas as formas, em todos os lugares. Isso exige uma disposição grande do empreendedor para aprender coisas novas, para abrir a cabeça. Visão curta não sobrevive nesse ambiente.

Olho para trás e tenho a certeza de que abrimos mão de muita coisa para construir o que construímos em dois, três anos. Posso falar pelos 3 sócios, porque a jornada foi de muita parceria com o Ricardo e o Jordão durante esse crescimento. Abrimos mão de muitas certezas, de muito ego e de muito apego ao que a gente achava que sabia. Essa é uma

A sorte favorece os ousados. Nós conseguimos ser muito ousados – e essa ousadia pediu muita entrega, disciplina e foco

certeza que nós trazemos: renunciar às coisas que "são do ego" em troca do sonho. Não é divertido. Recusamos muita viagem, muita noitada, muito negócio que aparecia, mas não tinha a ver com o objetivo da XTECH COMMERCE.

Nós falamos "não" para muita oportunidade que passou na nossa frente porque precisávamos estar 100% focados naquilo que estava sendo construído, e quando olho para trás, vejo que faria tudo de novo, não me arrependo. O sucesso não é o lugar onde você chega. Você precisa "entrar" nele, você precisa ter a atitude certa para ele, porque o sucesso não vai aceitar desaforo. Não vai aceitar preguiça, não vai aceitar seu ego. Manter-se no topo vai exigir que você seja uma pessoa melhor a cada dia.

No nosso caso, o momento de pivotar e trabalhar feito loucos em cima da plataforma, quando ela ainda era um sonho,

Conseguimos atrair as pessoas certas, nos lugares certos, nas horas certas

uma visão, foi o momento de construir o alicerce daquilo que queríamos desenvolver como profissionais, como empresa e como pessoas. Essa atitude foi um dos motivos de a gente conseguir ter tido o sucesso que tivemos, embora a gente saiba que ainda temos muito para buscar.

A sorte favorece os ousados. Nós conseguimos ser muito ousados – e essa ousadia pediu muita entrega, disciplina e foco. As coisas foram acontecendo de maneira positiva por conta desse compromisso de entregar nosso melhor sem reclamação. Conseguimos atrair as pessoas certas, nos lugares certos, nas horas certas.

#BORAVENDER
Feito é melhor que perfeito.

@tallisgomes
@alfredosoares @boravender

#BORAFAZER

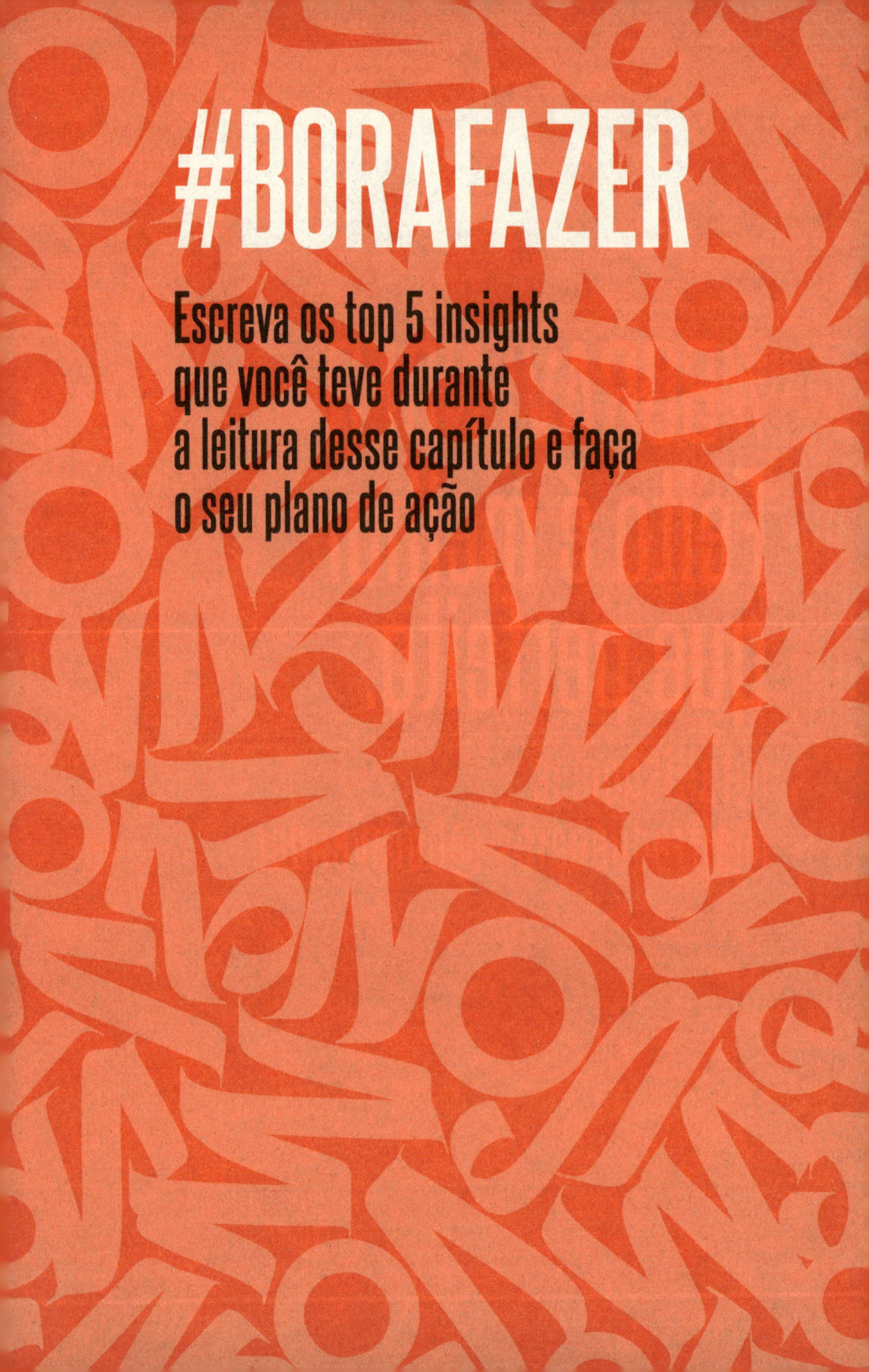

Escreva os top 5 insights que você teve durante a leitura desse capítulo e faça o seu plano de ação

1. _____

2. _____

3. _____

4. _____

5. _____

PLANO DE AÇÃO

O QUÊ?

_____
_____
_____
_____
_____
_____
_____
_____

POR QUÊ?

_____
_____
_____
_____
_____
_____
_____
_____

COMO?

_____
_____
_____
_____
_____
_____
_____

QUANDO?

_____
_____
_____
_____
_____
_____
_____

5.
O PODER DO MARKETING

Toda a minha trajetória foi envolvida com marketing. Assim que entrei na faculdade de publicidade, vi quantas possibilidades existiam para fazer diferente, criar, gerar valor para uma marca. Esse espírito de marqueteiro serviu para construir os meus negócios e a mim também. A primeira lição para ser um bom marqueteiro está em não ter medo de se posicionar e estar sempre atento, com o raciocínio rápido, para conseguir gerar recursos a fim de viabilizar suas ideias e ações. Por isso, sempre me preocupei com tudo o que envolvesse o marketing da XTECH COMMERCE. Nesse caso, por exemplo, eu fiz o logotipo, aprovei todas as artes desde sempre, os materiais de divulgação, os estandes, os sites... fui muito criterioso mesmo com isso. Mas mais do que isso, aprendi que marketing é uma estratégia de muitos níveis e canais e envolve todas as partes da empresa, no entanto, a maioria das empresas não percebe e não aplica esse potencial sobre o próprio negócio. Quase sempre a área de marketing é um pequeno time que atende a demandas de outros departamentos, e não um time que cria novas oportunidades como deveria.

Quando decidimos transformar a Marketing Shop em plataforma de e-commerce, o nome XTECH COMMERCE não surgiu por acaso. O maior nome do mercado era a VTEX, e o marketing me ensinou que é muito positivo você ser confundido com o maior *player* do mercado. A gente precisava competir com eles. Ao mesmo tempo, dava para aproveitar toda a onda de comunicação que eles já geravam com seus eventos e ações.

Você só fica rico criando valor e fazendo seu cliente e parceiros ganharem dinheiro

Contudo, antes que você pense que foi má-fé, vou explicar melhor. Na verdade, além de uma estratégia de marketing, a origem do nosso nome tem a ver com admiração. Por volta de 2012 ou 2013, eu e meus sócios fomos a um evento de e-commerce em São Paulo e conhecemos o fundador da VTEX, o Mariano Gomide, que falou sobre e-commerce e mercado de varejo, o novo consumidor e outros assuntos. Na mesma hora pensei: "Esse cara é foda". Então, entendi que precisávamos mudar de nome, nos aproximar de tudo o que ele estava construindo e entrar de cabeça nesse mercado. Nosso produto tinha que ser consumido pelos pequenos negócios, e nós tínhamos que criar um ecossistema no qual agências vendessem a plataforma para nós, ou seja, precisávamos de pessoas vendendo nosso produto. O conceito era que a gente só ficaria rico deixando os outros ricos. Posso dizer com tranquilidade que isso se aplica a todos os negócios: você só fica rico criando valor e fazendo seu cliente e parceiros ganharem dinheiro.

Fomos moldando o produto para que as agências e os freelancers ganhassem muito dinheiro, e ali começamos a entender o que é um ecossistema. O ecossistema é a diferença básica entre você ter um negócio forte ou não. Compreendido esse conceito, era hora de escolher o nome e me inspirei diretamente na maior referência do Brasil na área: a VTEX.

Nessa época, eu já estava há anos criando marcas para outros negócios com a agência. Era muito requisitado para elaborar logos e até o nome dos negócios, e eu adorava fazer isso e dava muito certo. Já tínhamos vivido uma fase muito boa com a Marketing Shop em função do nome, que parece ser uma marca que você já ouviu falar. Marketing e shopping são duas palavras comuns, que não precisam de explicação, está na cara o que a empresa faz. Isso facilita muito a comunicação com o cliente e permite que ele o encontre com mais facilidade.

Essa sensação de familiaridade desde o início gera credibilidade. Tentamos achar um nome que parecesse com VTEX, com uma sonoridade parecida. Foi quando pensei em XTECH COMMERCE. Foi um tiro certeiro, porque causou uma dúvida na cabeça das pessoas, criava uma provocação e a sensação de "Já conheço isso de algum lugar". As pessoas achavam que uma empresa era da outra. Aconteceu até de chegarem para mim e falarem: "Ah, conheço. Vocês têm um evento grande em São Paulo, né?". Eles estavam se referindo ao VTEX Day. Para você ter uma ideia, os clientes chegavam até a pedir ingresso para o VTEX Day para nós na XTECH COMMERCE, e a gente arranjava!

Um dia, já com a XTECH COMMERCE funcionando, depois de outra palestra do Mariano, chamei-o no canto e abri o jogo: "Sou tão fã de você e da sua empresa que criei uma empresa com um nome inspirado na sua, a XTECH COMMERCE, que também é uma plataforma de e-commerce, mas a gente foca no pequeno". Naquela época, a VTEX mirava clientes grandes: cobravam uma média de 80 mil reais por uma plataforma, por exemplo, só de *setup*. Ele olhou para mim de um jeito diferente: "Gostei da ideia, hein? Legal. Você já conhece a VTEX?". Falei que não e ele sugeriu marcar um café para me receber no escritório de São Paulo. Aquele dia voltei para o hotel em êxtase, o risco tinha valido a pena e era só o primeiro.

Algum tempo depois viajamos para São Paulo, sempre de ônibus como qualquer empresa no seu começo. Então o Mariano nos atendeu e disse para gente largar a startup e virar parceiro da VTEX, fazer um projeto usando a plataforma deles. Além disso, naquele dia o Mariano disse que nenhuma empresa de software conseguiria existir no mercado com as empresas grandes deixando os sistemas cada vez mais fáceis e acessíveis na nuvem para empresas menores. O que ele queria dizer era: *mais recursos e experiência da grande empresa tornando-se cada dia mais acessíveis*. O projeto deles era muito consistente para se consolidarem como líderes absolutos do segmento. Ele tinha razão no que falava, pois seria muito difícil acompanhar o ritmo de inovação da VTEX, que a cada dia transformava seu produto em algo mais acessível para os pequenos. Como é que iríamos criar um produto capaz de competir com a VTEX tecnologicamente? O que ele não levou em consideração é a agilidade e espírito da pequena que faz a diferença.

Depois dessa conversa emblemática, falei para o Ricardo: "Cara, a gente só vai conseguir crescer criando marca. E se preparando para vender o negócio, porque esse cara vai comprar as empresas". Então ser comprado pela VTEX, fazer parte desse negócio maior, que tinha sintonia total com o nosso projeto e o nosso ecossistema, passou a ser nosso maior objetivo. Seria nosso passaporte para mudarmos de nível no jogo. Lembro-me de dizer ao Mariano no nosso último papo antes de começarmos as negociações para a venda da XTECH COMMERCE: "Vou te mostrar que eu entendo de micro e pequenas empresas. Você vai ver que eu sei o que estou fazendo e vou construir um negócio que você vai querer comprar daqui uns três ou cinco anos".

Ricardo, então, foi fazer a certificação da VTEX para poder vender e entregar lojas usando a plataforma como Mariano havia sugerido. No entanto, logo viria outro momento tenso em nossa história. Um mês depois do nosso encontro, eles anunciaram a aquisição da LOJA INTEGRADA, que tinha o mesmo foco que a XTECH COMMERCE. Foi um choque. A VTEX estava comprando uma empresa de *cauda longa*.[1] Mais uma vez, era hora de correr atrás, fazer a empresa crescer rápido para não perder aquela oportunidade e para que a possibilidade de compra acontecesse o quanto antes. Foi como se o bicho da competitividade se transformasse em um Godzilla dentro de mim e do Ricardo. Não havia nada que a LOJA INTEGRADA lançasse que a gente não replicava em 24 horas. E isso também era uma questão de marketing.

Naquele momento, todas as nossas estratégias tinham como objetivo ficar ao lado da LOJA INTEGRADA para ser um forte concorrente, conquistar mais mercado e posicionar a XTECH COMMERCE logo abaixo da VTEX, incomodando as duas pelos dois lados. Essa foi a nossa ideia e missão de vida nos três anos seguintes.

MARKETING DE PERCEPÇÃO

Desde o início, queríamos criar uma percepção de empresa grande, portanto precisávamos fazer barulho. Para isso, tivemos várias saca-

---

[1] *Cauda longa é um conceito criado por Chris Anderson para nomear estratégias de marketing e vendas focadas em atender segmentos nichados do mercado, oferecendo maior diversidade de produtos e serviços.*

das muito legais. Uma das primeiras foi contratar uma boa assessoria de imprensa, que no começo custava uma fortuna para nós. Porém, a assessoria chegou a fazer com que eu desse duas entrevistas por semana! Tenho um assessor de imprensa há anos, Bruno Pinheiro, fundador da PiaR Comunicação, e desde sempre avisei que o objetivo era ter uma plataforma que seria a maior do Brasil. Conquistamos espaço em matérias que falavam sobre e-commerce, dando muitas entrevistas nos primeiros meses. Isso foi me construindo. Mais do que isso: a assessoria existe para que você faça os contatos certos.

O networking de outras frentes é muito poderoso também. Um dia estava a trabalho em Belo Horizonte e liguei para o assessor de imprensa: "Estou em BH visitando clientes e preciso conhecer o pessoal da Sambatech". Eu admirava muito o que a Sambatech estava fazendo no mercado de tecnologia e tinha que conhecer o fundador, queria muito falar com o Gustavo Caetano. E o assessor conseguiu! No mesmo dia, conheci o Gustavo e ainda fui visitar mais uma empresa de tecnologia da cidade. Assim fui expandindo os contatos. Você precisa ir conectando a sua marca e você mesmo com quem tem a ver com o que está fazendo. Para isso, não é permitido se prender a protocolos. Se você tem sinergia com uma pessoa ou um negócio, vá até ele.

Durante esse período de muitas entrevistas, era sempre importante trabalhar a percepção da XTECH COMMERCE no mercado. Um dia recebi às três da tarde uma ligação do assessor: "Consegui uma matéria pra você muito boa, no Propmark". Eu era publicitário, sabia a importância deles. Mas precisava de uma foto minha no escritório. O pedido, mais especificamente, era uma foto minha com o braço cruzado em um escritório. Eu olhei para o nosso escritório e travei, não sabia o que fazer. Nosso escritório era uma sala de 30 metros quadrados com uma mesa feia e cadeiras cada uma de uma cor. Aquela startup não tinha o menor glamour, com uma parede preta horrorosa porque ficava em um lugar onde antes funcionava um bingo. Eu cheguei a ligar para amigos que tinham escritórios mais decentes e perguntei: "Cara, posso tirar uma foto no teu escritório?". Ninguém topou.

Aí, enquanto estávamos quebrando a cabeça para resolver isso, fomos almoçar, Ricardo e eu. O restaurante tinha uma escada imensa, e na hora o marqueteiro dentro de mim acordou: "É aqui!". Tinha também uma parede de tijolos, que estava na moda, e uma escada daquelas industriais. "Se eu tirar fotos numa escada toda moderna, vão achar que nosso escritório já é duplex. Vai dar a impressão que temos investidor, que somos muito maiores do que realmente somos". Como é que competiríamos com várias plataformas grandes, que tinham dez anos de experiência, escritórios bonitos etc.? O público tinha que ter uma percepção muito boa sobre nós. Fizemos isso. Saiu, então, uma matéria de meia página com o título "XTECH COMMERCE impulsiona PMES" e a minha foto sentado na escada, que se tornou a foto oficial da empresa durante um ano.

Logo em seguida, conseguimos alugar um telefone 0800 para atendimento ao cliente com a empresa Atende Simples. De novo, era tudo uma questão de percepção. Quando a pessoa via isso, pensava: "Esses caras devem ter muita gente no suporte, uma central de atendimento, é uma empresa grande". Quando você pensa em um 0800, imagina uma bancada cheia de gente para atender. Mas, na verdade, o que tocava era meu celular, e eu atendia aquele 0800 com três nomes diferentes. E tinha que ser assim, porque competíamos com empresas grandes, já estabelecidas no mercado. Com isso, conseguíamos criar essa percepção de ser grande, de ser maior. Assim fomos chamando a atenção. *Calma!* Não estou falando para mentir, mas construir uma percepção em torno do seu negócio. Aproveite as situações, às vezes as grandes sacadas estão nos pequenos detalhes, nas entrelinhas. A percepção que criamos estava de acordo com a nossa estratégia. A maior prova do quanto isso é comum é o Instagram: ninguém posta o que faz de verdade, e sim o que quer que as pessoas pensem para criar a percepção de que sua vida é maravilhosa. Ninguém posta foto do boleto chegando, da fatura do cartão de crédito, da fila do supermercado.

SEJA UM CRIADOR DE RECURSOS

Nos três anos de crescimento da XTECH COMMERCE até a venda para a VTEX, o foco estava em 3 pilares fundamentais. O primeiro pilar, como falei no começo deste capítulo, foi o ecossistema. Entendemos que a tecnologia era muito importante, ter um produto bom era fundamental, mas mais importante do que isso ou tão importante quanto era construir um ecossistema fora da curva. Envolvemos os parceiros, o mercado, fotógrafos, freelancers; entendemos que o franqueado podia nos ajudar a vender uma loja e escalar o negócio. Quanto mais

O cliente é o objetivo de qualquer negócio

gente envolvida e ganhando dinheiro com a plataforma, maior ela ficaria. Conseguimos enxergar isso e transformar cada parceiro num canal de vendas. Então todo o nosso ecossistema se tornou um canal de aquisição de mão dupla: nós gerávamos negócios para o parceiro enquanto ele gerava negócios para nós.

O segundo pilar vai ao encontro da nossa estratégia de assessoria de imprensa: pensávamos o marketing o tempo todo com a visão de que nunca vendíamos a plataforma diretamente ao cliente. Antes de tudo, era vendido o interesse pelo e-commerce, a educação do e-commerce para aquele possível cliente ter uma loja que funcionasse, profissional, para ele saber o jeito certo de ter um e-commerce. A estratégia era atrair a pessoa interessada, nutri-la de educação sobre a área e depois converter a venda, fazendo-a usar a XTECH COMMERCE. Saía mais barato do que comprar mídia e fazer publicidade, porque já existia uma grande quantidade de empresas procurando informação para abrir um e-commerce. Nossa estratégia para o funil é baseada em quatro fundamentos:

- Atração
- Nutrição
- Conversão
- Retenção

O terceiro pilar era tornar o negócio escalável e conseguir dinheiro para investir nele a partir do próprio negócio. O cliente é o objetivo de qualquer negócio. Quando você tem uma ideia, não importa *o que vende*, e sim *para quem vende*. Queríamos um negócio escalável, então a proporção da nossa preocupação, do nosso investimento e da nossa energia era alinhada a isso. Nós nos preocupamos muito em atrair mais gente, atrair muitos *leads* (contatos que podem se transformar em clientes), cuidar da visibilidade da marca, para nutrir e converter os clientes. Já sabia que não conseguiria agradar todo mundo, porque ninguém consegue isso o tempo todo na vida, seja onde for. E tudo bem!

Assim crescemos muito rápido. Vendíamos planos a 59 reais, mas vender 100 lojas por mês ainda não pagava o investimento.

Então criamos uma estratégia que mudou o jogo para a empresa, algo que nunca tinha sido feito no mercado de tecnologia. Percebemos que o mercado estava crescendo muito rápido e que o parceiro, o meio de pagamento, o relações públicas, não conseguia um vendedor de qualidade na ponta na mesma velocidade. Por isso tomamos duas medidas muito interessantes. No início do jogo, recebíamos entre 30 e 40 oportunidades de loja, mas não tínhamos como converter esses grupos inteiros diariamente. No final, a conversão ficava entre 5 e 10. Ou seja, 30 clientes em potencial, *leads*, contatos, iam para o lixo, mas não exatamente.

Aquelas 30 lojas que passaram, na verdade, abririam em outro lugar; elas só optavam por outra plataforma. Foi quando percebemos que éramos mais uma empresa de mídia do que de e-commerce. Porque, se pegávamos 50 *leads*, vendíamos plataforma para 10 e outros 40 não fechavam conosco – o que é normal – por que não aproveitar esse *lead* para um parceiro? Eu tenho os contatos de que ele precisa, então em vez de ele investir 5 reais no Facebook para captá-los, poderia investir em mim, que vou cobrar a metade e entregar um contato mais qualificado.

Pode parecer maluco, mas essa estratégia funcionou e levantamos muito dinheiro em dois anos. Isso fez com que tivéssemos fôlego para investir no que quiséssemos para conseguir fazer a empresa crescer rapidamente. Pegar o dinheiro daquele *lead* "morto" e reinvestir para conseguir mais *leads* gerava ainda mais *leads*, o que gerava mais *leads* mortos, e assim fomos fazendo um funil infinito que até hoje funciona. Afinal, esse *lead* custou dinheiro para ser captado, foi trabalhado com conteúdo, então ele é um ativo da empresa e não pode ser dispensado. Posso oferecer esse ativo no meu ecossistema de parceiros, gero negócios para todo mundo e todo mundo gera negócios para mim. Com isso eu faço um ciclo de negócios, um ciclo financeiro para gerar negócios e caixa e continuar investindo sem precisar sangrar meu próprio negócio.

Não existe uma fórmula pronta, um milagre, mas você pode ter um raciocínio de marketing que vai impulsionar a sua empresa. O sucesso depende de diversas ações. As ações certas, quando feitas com constância, constroem o seu objetivo.

#BORAVENDER

Vender não é trocar produtos e serviços por dinheiro. É entregar o intangível por trás de toda oferta.

@alfredosoares @boravender

#BORAFAZER

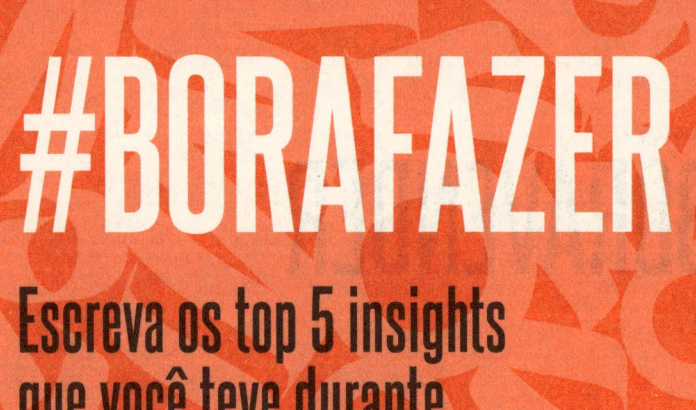

Escreva os top 5 insights que você teve durante a leitura desse capítulo e faça o seu plano de ação

1. _____
_____
_____

2. _____
_____
_____

3. _____
_____
_____

4. _____
_____
_____

5. _____
_____
_____

PLANO DE AÇÃO

O QUÊ?

POR QUÊ?

COMO?

_____
_____
_____
_____
_____
_____
_____
_____

QUANDO?

_____
_____
_____
_____
_____
_____
_____
_____

6. PENSE GRANDE E EXECUTE MAIOR AINDA

Toda a vida do empreendedor e empresário gira em torno de execução. Eu não canso de dizer isso, porque é na hora da execução que a maior parte das pessoas tenta fugir – fazendo mais um estudo de mercado, mais um treinamento, mais um *mastermind*, esperando um sinal do Universo e sei lá mais o quê. Se você incorporar apenas esse valor, este livro já valeu a pena. Você precisa executar e mais nada, nem que seja um único passo.

A XTECH COMMERCE nasceu desse foco em execução. Eu já tinha uma agência que foi se transformando e pivotando ao longo de quase dez anos. Ali existia uma oportunidade que vinha diretamente da demanda dos clientes de pequenas e médias empresas. Ao mirar na LOJA INTEGRADA, que era o exemplo do que dava para fazer para atender a esse público, foi a hora de começar a executar.

Quando perguntam se eu imaginava chegar tão longe, acredito que o "longe" é uma questão de ponto de vista. Hoje nem me parece tão longe, porque existia um objetivo e fomos executando sem pensar muito, para não atrapalhar. E mais: não há como parar. Na verdade, hoje quero fazer muito mais do já fiz, assim como meus sócios e toda a equipe da empresa. Muita coisa que vivo atualmente, imaginei querer viver. Mas nunca pensei em quanto tempo isso levaria nem como eu chegaria lá – se como professor, como marqueteiro, fundador de uma empresa de tecnologia. Esta foi a grande diferença: o meu ponto de motivação estava na execução – e está até hoje.

PENSAR GRANDE E EXECUTAR MAIOR AINDA

Pensar grande é ter visão, é conseguir antever em detalhes como as coisas vão ser, qual é o destino ideal para você e para o seu negócio. Você não precisa visualizar o caminho todo, mas é como um farol do carro em uma estrada, que o faz enxergar alguns metros à frente. Você precisa sonhar grande, sabendo qual é o próximo passo que o aproxima do seu "pensar grande", qual é o próximo quilômetro que você precisa percorrer para atravessar uma fronteira que ainda parece distante. Quando viajei a Dubai para uma reunião da agência de palestras para falar com um grupo de brasileiros em janeiro de 2018, a grande lição que tive com os sauditas é que eles pensam muito grande (e executam maior ainda): onde uma pessoa vê um prédio em uma área deserta, eles conseguem visualizar uma cidade inteira.

Precisamos disto em nossos projetos: que a execução seja maior até do que conseguimos imaginar. Eu acredito na lei da atração, em ser otimista para poder alcançar objetivos, em sonhar com algo grande e imaginar aquilo se tornando realidade. Também acredito que precisamos desconstruir a passividade que muitas vezes vem com esse discurso. O que precisamos ter, fazer e principalmente ser para termos aquilo com que sonhamos? Seja algo material, um hábito, uma atitude ou um ponto de partida, como um bom time. Mas cuidado: o maior erro está em canalizar a energia para o "ter", quando o jogo da vida se trata em focar no "ser". Reflita: você consegue agir na direção da sua visão? O que falta para você ser a fim de conseguir caminhar naquela direção? *O ser é que faz o ter.*

Quando pensamos em ter uma plataforma de e-commerce, aquilo foi uma visão muito poderosa. A partir dela, passamos a executar. Sempre que eu falava sobre o assunto com alguém, era visto como maluco. "Olha o cara lá montando uma plataforma no mercado mais competitivo do mundo, montando uma plataforma sem nem saber programar..." Mas eu não parava de agir, de buscar alguém que me ajudasse naquilo que eu não dominava para que nossa visão acontecesse.

Nunca deu para ter uma noção de tempo, nunca deu para ter uma noção de como seria a ordem dos passos, das conquistas. Acho que esse raciocínio de foco na execução nos salvou desse tipo de dúvida, de parar tudo porque alguma objeção passou na cabeça, como "Meu Deus, não sou programador, como estou me me-

Pensar grande é ter visão

tendo nisso?". Ao mesmo tempo, enquanto executava, sempre me imaginei dando palestras, conseguindo conectar pessoas e treinei desde jovem para ser um cara de networking, de negócios. Até que chegou o momento de conectar tudo: surgiu a oportunidade da venda para a VTEX, e as muitas lições que aprendi poderiam ser aplicadas para ajudar quem estava vindo na mesma batida. Para mim, o "chegar longe" é muito mais sobre poder ajudar outras pessoas do que o sucesso financeiro que alcançamos.

Se você hoje não tem investimento porque não conseguiu ou decidiu não ter, só a execução vai fazer crescer o seu negócio. É preciso foco na execução e em trazer as pessoas junto com você. A equipe, os sócios, os parceiros, você tem que pensar no que pode fazer pelo seu ecossistema. Isso vale mais do que os milhões do investidor, que pode a qualquer momento decidir que sua empresa vale mais dinheiro fechada do que funcionando. Para mim, nada tem mais valor do que hoje eu poder contar com essa galera, o nosso time, os amigos, os sócios, e fazer algo relevante para entregar ao mundo.

TENTAÇÕES E DISTRAÇÕES

É muito importante também não se perder da sua visão porque surgiu algo que parece ser mais promissor. Quase sempre essas distrações não têm a ver com a sua missão de vida e com o plano maior que traçou para si mesmo. Eu mesmo quase me desviei diversas vezes. No início da Marketing Shop, nós tínhamos a agência de marketing e um sistema de site-catálogo, e logo começamos a receber a demanda de criar e-commerces. Um desses primeiros clientes era a ICaseShopBR, uma loja de capinhas de celular que vendia pelo Facebook e estava começando a operação por outras redes, como Snapchat e Instagram. Eles queriam uma loja porque não aguentavam mais vender por mensagens.

No primeiro mês, o ICaseShopBR vendeu 35 mil reais em capinhas de celular. Comentei com meus sócios que o mercado de capinhas no e-commerce era bom e aquilo parecia muito promis-

> **Os grandes resultados vêm das renúncias que você faz, e não do sim que você é tentado a dizer a todo instante**

sor. No segundo mês, nosso faturamento foi risível, enquanto o ICaseShopBR faturava 50 mil reais. Então começamos a pensar: "Poxa, temos que olhar esse negócio de capinha. Todo mundo tem celular, isso é o futuro. Será que não deveríamos ter algum produto nesse mercado ou fazer alguma parceria com esse lojista diferente?". No terceiro mês, vivemos um caos: perdemos o programador austríaco, as lojas ainda davam alguns problemas, os projetos estavam atrasados... e estávamos correndo para vender e pagar as contas com a mensalidade de cada loja. E o pessoal das capinhas já faturando 70 mil reais. Naquele momento, a única certeza que eu tinha era de que precisava comprar uma passagem, ir à Rua 25 de Março,[2] em São Paulo, e comprar uma montanha de capinhas para vender on-line. Eu só conseguia pensar nisso. Nós ficamos dias falando sobre a possibilidade de tentarmos ser sócios do cara ou de comprarmos as benditas capinhas e abrir um site desse segmento.

Por fim, colocamos a cabeça no lugar, conversamos com nossos mentores e vimos que a nossa visão não era essa. Aquilo, para nós, era pensar pequeno. O projeto em si era ótimo, mas aquela era a visão de outras pessoas, e não a nossa. Nós estávamos tentando criar algo inovador, escalável, sabíamos que nosso modelo de negócio era diferente e tínhamos um plano a seguir, uma visão maior que nos guiava. Continuamos em frente e, no fim daquele ano, vendemos 10 milhões de reais. Em vez de nos transformarmos em lojistas, recebíamos mais de 15 lojas novas

---

[2] Rua tradicional de São Paulo conhecida por ser um grande centro comercial de varejistas e atacadistas. (N. E.)

por dia na plataforma. A lição disso tudo, mais uma vez, é ter foco, não se desviar da sua visão. Os grandes resultados vêm das renúncias que você faz, e não do sim que você é tentado a dizer a todo instante. A grama do vizinho sempre parece mais verde, mas cuide bem da sua porque ela pode e vai crescer até se transformar em um imenso jardim.

Praticar a execução muda a sua noção de futuro. Hoje eu sei reconhecer quem tem compromisso com venda, quem entrega valor aos clientes. É muito claro que não importa o que eu vou fazer amanhã, sei que começarei com os melhores mentores e as melhores pessoas do mundo ao meu redor. Não como investidores, mas como amigos, como pessoas muito próximas e engajadas.

EXECUTAR MAIOR AINDA – COM ESCALA

A grande execução também encontra barreiras na hora de ser colocada em prática. Nossa estratégia como plataforma era agressiva, mas precisávamos considerar os obstáculos. O mercado de São Paulo, por exemplo, estava muito saturado pela alta oferta de outros sistemas de e-commerce, enquanto a região Sul era muito bairrista, só fechava contratos com gente conhecida, com fornecedores dali. Decidimos, então, focar a prospecção de clientes onde havia menos gente oferecendo o serviço, como no Rio de Janeiro e nas regiões Centro-Oeste e Nordeste. Sabe quando você está jogando *War* e vai conquistando territórios em volta daquele que precisa dominar?

Começamos abrindo 5 lojas por dia. Aprendemos, amadurecemos e, quando descobrimos como é que se fazia bem, escalamos o negócio. É raro começar pensando em escala, mas isso faz parte de executar maior ainda. Já olhe para o seu negócio questionando: como isso pode multiplicar sem que eu invista os mesmos recursos por unidade vendida? Aumentamos de 5 para 15 lojas por dia entre 2014 e 2015; em 2016, fomos a 40 lojas por dia; em 2017, o número subiu para 60; e, no fim de 2017, quando descobrimos o que precisava ser feito para automatizar e escalar o serviço, em dois meses passamos para 190 lojas por dia. O negócio explodiu! Foi quando a "profecia" se cumpriu e a XTECH COMMERCE foi comprada pela VTEX, em dezembro de 2017. Aí assumimos a LOJA INTEGRADA e,

Não tem como você continuar encontrando clientes novos se está sempre no mesmo ambiente

juntos, passamos a criar 600 lojas diariamente.

Quando escrevo este livro, criamos em torno de 1.400 a 1.600 lojas por dia. É óbvio que eu não vendo pessoalmente para todos esses clientes, isso foi um trabalho construído ano a ano aplicando estratégias para escalar e automatizar. A mais efetiva de todas foi diversificar os canais de venda. Não tem como você continuar encontrando clientes novos se está sempre no mesmo ambiente. Nunca acreditamos nisso de depender só do Google, do Facebook ou de qualquer rede. Investíamos em diversas redes, links patrocinados e em algo que hoje se dá o nome de *dark social*,[3] o maior fluxo das redes sociais que não tem métrica: compartilhamento por grupos fechados no Facebook, WhatsApp e chats privados. São as interações que extrapolam o que é medido pelos *analytics* das redes, mas que hoje representam 75% dos compartilhamentos na internet.[4] Não há como medir isso, mas tudo que populariza ou viraliza se dá por um fluxo forte de canais em *dark social*. Isso passa por aquele direct do Instagram que fazíamos questão de mandar sempre que identificávamos alguém fazendo pesquisa de plataforma de e-commerce, por exemplo.

---

3 *Segundo o site Techopedia,* dark social *refere-se ao compartilhamento social de conteúdo que ocorre fora daquilo que pode ser medido por meio de programas de análise da web. [Tradução livre] Disponível em: <https://www.techopedia.com/definition/29027/dark-social>. Acesso em: 22 abr. 2019.*

4 CRITEO. *Como construir uma estratégia "dark social": WhatsApp, serviços de mensagens e muito mais. Disponível em: <https://www.criteo.com/br/insights/como-construir-uma-estrategia-dark-social/>. Acesso em: 24 abr. 2019.*

Não existe trabalho à toa

Toda semana tínhamos o desafio de achar um novo canal de aquisição, de captação de novos clientes. Sempre foi claro para nós que é perigoso apostar em apenas um canal (como eu vejo acontecer muito em outras startups), por exemplo, colocando todas as fichas na sua conversão de Facebook. De repente, mudam o algoritmo e você passa a faturar metade do que faturava. Não dá para ser um negócio escalável dessa forma. A escala está em diversas ações, não em um único canal. Porque quando é necessário acelerar, aquele canal único pode acabar gerando escassez.

Outro ponto muito importante é trabalhar a dinâmica de automação *versus* rotina. Vejo muito empreendedor começando, por vezes com o negócio ganhando tração, redondo, mas que desabafa: "A gente tá há muito tempo querendo automatizar o processo, automatizar tudo", e não consegue porque, na verdade, ele acredita que automatizar é jogar todo o trabalho para cima e nunca mais tomar conta das tarefas de rotina. "Pronto, agora o produto está numa plataforma que dispara os e-mails e vende por mim. Está feito!" A automação é linda, mas, sinceramente, dá um trabalho imenso.

Por exemplo, só para automatizar uma régua de e-mails que vai vender "sozinha" seu produto para o cliente, você precisa escrever 17 e-mails, todos eles muito bem pensados para derrubar objeções, criar urgência e responder à fase de compra em que o seu cliente está. Para automatizar, você precisa entender seus processos, precisa ter um plano de muita, mas muita atenção aos detalhes. Automatização é para os chatos, para os perfeccionistas, não é para quem acha que basta apenas entregar o trabalho para uma máquina. As máquinas são muito burras, elas só conseguem fazer um bom trabalho se você preparar cada segundo do processo para que elas consigam dar a resposta que *você* programou. Então pense que às vezes se perde muito tempo para automatizar algo que pode ter um investimento em rotina.

O começo da XTECH COMMERCE foi marcado por muita rotina e pouca automação. Eu sabia que automatizar dava trabalho, então criava rotinas para as tarefas essenciais e seguia em frente. Todo dia mandava 5 mensagens para parceiros e 10 mensagens para potenciais lojistas. Ensinava isso para meu time e explicava: "Podemos até não converter, mas todo dia são mais umas 100 pessoas novas conhecendo a gente, e no dia em que virem de novo o nosso nome em algum lugar, elas vão se lembrar".

Não existe trabalho à toa. Nós tomamos essa decisão, queríamos um negócio com menos pessoas e mais automação, mas antes investimos muito em rotina. Depois disso, cada colaborador tinha a meta de prospectar pelo menos 5 clientes no Instagram. Isso foi para 10 pessoas no começo, depois 15, 20... todos os dias. Era melhor para o nosso negócio aquele trabalho de rotina, não de automação, porque o *lead* vinha mais qualificado. Fazíamos um plano de ação para alcançar aquilo sempre de modo tangível, viável.

Foi meio como uma "estratégia *War*" para conseguir chegar no maior mercado, para conseguir dominar um território por vez, conquistando espaço nas regiões físicas brasileiras e nos canais digitais. Quando começamos a entrar em São Paulo e no Sul, já tínhamos mais clientes, havia sido formado um ecossistema de *leads* que tornava a XTECH COMMERCE muito atraente para aqueles parceiros. Já era possível fazer frente à concorrência.

#BORAVENDER

A maior ferramenta para sua empresa não é tecnologia nem investimento, são pessoas.

@alfredosoares @boravender

KANBAN PROSPECT
POR THIAGO REIS

Com o sucesso do Sales Model Canvas, eu pensava: como eu posso ajudar as empresas a construírem seus fluxos de cadência, de maneira dinâmica, permitindo a colaboração entre gestores, SDRs (Sales Development Representative ou Representante de Desenvolvimento de Vendas) e vendedores e alinhando de maneira definitiva sua rotina de trabalho?

Levei um bom tempo com essa ideia na minha cabeça até que surgiu, como em um estalo, a ideia de usar um KANBAN nessa estruturação. A resposta para resolver todos os desafios na concepção de um processo eficiente de prospecção outbound foi o KANBAN PROSPECT.

O KANBAN PROSPECT foi inspirado no Kanban inventado por Taiichi Ohno em 1953 e que significa "cartão visual". Seu grande objetivo é tornar a gestão mais visual, e foi exatamente esse meu objetivo quando o usei para desenvolver um fluxo de prospecção: uma ferramenta prática para definir o perfil do seu cliente ideal, costumeiramente chamado de ICP.

Ele combina conceitos de design thinking, simplificação, pensamento visual e lean. Com tudo em uma folha e/ou usando notas adesivas, a construção se torna fácil de ser visualizada e, assim, em pouco tempo conseguimos ver oportunidades e fraquezas no processo. Veja, na próxima página, uma esquematização das áreas do KANBAN PROSPECT:

Para fazer o download completo do seu template, acesse o link e veja um vídeo explicativo de como utilizar o seu Kanban Prospect:
alfredosoares.com.br/kanban

KANBAN PROSPECT

EMPRESA: _Nome da sua empresa_

PRODUTO | SERVIÇO	CASE DE CONQUISTA DE SONHO	CASE DE RESOLUÇÃO DE DORES	DORES	SONHOS	ATIVIDADES
Liste os produtos e/ou serviços que serão entregues, identificando quais tarefas você auxilia o cliente a resolver.	Este campo é sobre em quais lugares a sua proposta de valor já criou ganhos para o seu cliente, como foram criados e como você já o ajudou com seus serviços e produtos.	Quais dores do seu cliente você já diminuiu ou aliviou com seus produtos e serviços?	Descreva o que aborrece o seu cliente: antes, durante ou depois de realizar a tarefa para resolver o problema.	Benefícios que o seu cliente espera, deseja ou pelos quais seria surpreendido.	Este bloco busca entender o seu cliente e a sua rotina. O que ele executa diariamente? Quais são suas responsabilidades e atribuições?

Compreensão das necessidades do seu prospect

SOBRE O PROSPECT

CANAIS QUE O CLIENTE UTILIZA

EXEMPLOS DE CADÊNCIA

ESTRUTURA DE CADÊNCIA

Definição e construção da estrutura de cadência

ICP

Definição do perfil de cliente ideal

#BORAFAZER

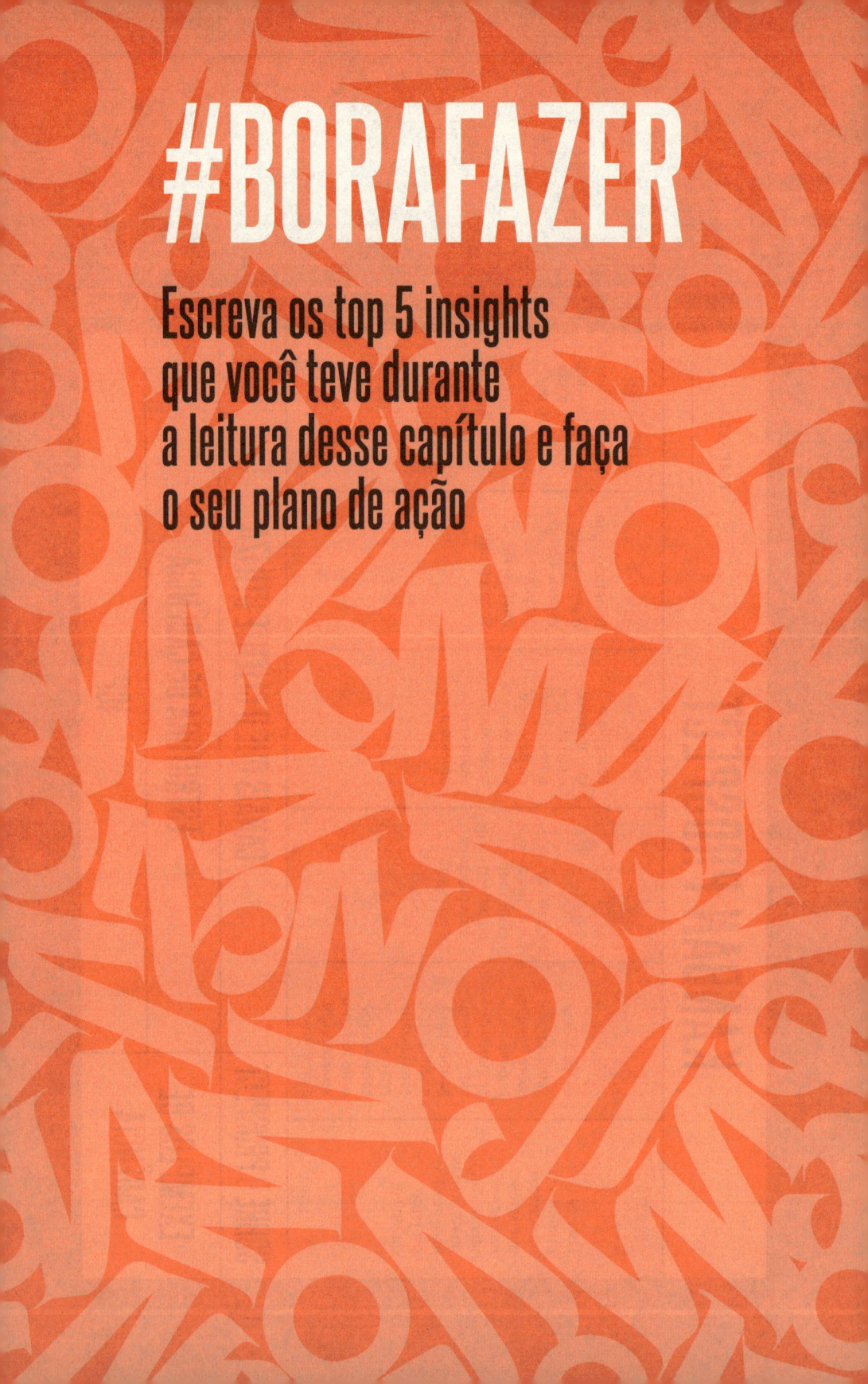

Escreva os top 5 insights que você teve durante a leitura desse capítulo e faça o seu plano de ação

1.

2.

3.

4.

5.

PLANO DE AÇÃO

O QUÊ?

_____
_____
_____
_____
_____
_____
_____
_____

POR QUÊ?

_____
_____
_____
_____
_____
_____
_____
_____
_____

COMO?

_____
_____
_____
_____
_____
_____
_____

QUANDO?

_____
_____
_____
_____
_____
_____
_____
_____

7. SEU CLIENTE É SUA MELHOR MÍDIA

Iniciar uma empresa é um trabalho que não tem fim, pivotar é a mesma coisa. Parece que nunca acaba (depois você entende que não acaba mesmo), mas durante esse processo de estruturação de produto, distribuição, marketing, o pique da execução pode subir à cabeça e você pode acabar esquecendo que tudo; cada folha de papel, cada *bit*, cada e-mail naquele negócio existe por um único motivo. Um apenas. O cliente. Você tem que executar sem parar, mas não pode esquecer que o Sol em torno do qual o seu sistema solar gira é o cliente, nas 24 horas do dia.

Nosso foco sempre foi o sucesso do cliente, e ter clareza sobre isso fez com que muita coisa ficasse mais fácil. Durante um momento de decisões difíceis, era só se sentar entre os sócios e perguntar: "Essa decisão vai trazer sucesso para o cliente ou pode piorar a vida dele? Isso trabalha para o cliente?". Esse *mindset* é o melhor balizador de estratégias de vendas.

Como sempre fui vendedor, fiz questão de participar das primeiras 200 lojas que contrataram a XTECH COMMERCE. Acompanhei a venda e a montagem. Se me derem o nome de qualquer uma delas, consigo me lembrar de tudo em detalhes. Ao escalar, fica mais difícil ser tão próximo, mas mesmo assim continuei dedicando muito do meu tempo aos lojistas, porque toda vez que algum deles fazia sucesso, aquilo era sucesso para mim também. Ganhar dinheiro é fazer os outros ganharem dinheiro. Sempre acreditei que a melhor mídia de uma empresa é o seu cliente. Hoje, com as redes sociais, podemos potencializar muito essa interação.

> **Ganhar dinheiro é fazer os outros ganharem dinheiro. Sempre acreditei que a melhor mídia de uma empresa é o seu cliente**

Optamos por ter um relacionamento transparente com os clientes, transformá-los em parceiros do nosso sonho. Não esconder os defeitos ou problemas, mas sempre ser acessível ao lojista: ele é meu investidor e meu centro de pesquisa, pois me dá o dinheiro para desenvolver o produto, é ele que me passa feedback do que fazer, do que poderia ser melhor no meu negócio.

Querer estar próximo dos lojistas foi, inclusive, o motivo que me fez começar a palestrar. Em todas as viagens, visito as operações deles. Pode ser também nas férias, por que não? Cheguei a visitar a casa de um lojista em um domingo em Recife, voltando de um feriado em Porto de Galinhas; naquele mesmo feriado havia encontrado e gravado um vídeo com o Saulo, lojista até hoje da Tonight, uma loja de bonés, um desses vendedores inspiradores que a gente conhece. Ele tinha o maior Instagram de bonés do Brasil, e um lojista meu indicou a página para a XTECH COMMERCE. Fiquei encantado. Mandei inbox para ele, que respondeu que já vendia pelo WhatsApp, que não via necessidade de um e-commerce. Insisti, pedi para ele pelo menos me deixar mostrar o sistema – e ele negava cada pedido! Aí decidi que precisava chamar a sua atenção. Montei, então, uma loja para o seu negócio sem ele pedir e mandei o link com a loja pronta e uma mensagem: "Irmão, dá para você ter uma loja assim, e aí ganhar muito mais dados e ter muito menos trabalho, atender muito mais gente mandando links pelo WhatsApp com a loja". Eu queria encantá-lo porque vi o potencial que ele tinha. Depois de algumas tentativas (está pensando que é fácil?), ele aceitou meu cupom de dois meses grátis e testou. Deu supercerto, e ele tem a loja até hoje, que é um sucesso. E ainda se tornou um grande amigo.

VENDER É ENCANTAR

Já deu para perceber que, na nossa trajetória, Black Friday sempre rende uma história, não? Era 2015, véspera da Black Friday, e nós tínhamos acabado de descobrir que existia um evento desse tamanho para o e-commerce (isso foi antes daquele grande fiasco, do qual falaremos um pouco mais neste capítulo). Na época, tínhamos umas 20 lojas e, assim que nos inteiramos do assunto, pegamos o telefone para ligar para os clientes contando que existia a tal da Black Friday, que aquilo era uma grande oportunidade, estimulando todos a participar. Quase nenhum quis encarar a data (na época, ainda não existia essa cultura direito no Brasil, as pessoas não tinham aderido em massa, como é hoje). Até que o Eduardo Faustino, da loja ICaseShopBR, que vendia capinhas de celular (da mesma história de quando quase viramos vendedores de capinhas) nos atendeu e quis saber mais sobre o que estávamos falando. Na hora ele topou e já deu a ideia de tentar colocar o site todo com 40% de desconto, um baita negócio para o cliente dele.

Naquele momento, o sistema de e-commerce era muito precário e o cliente não tinha agência para fazer o material de divulgação. Então, abri meu bom e velho CorelDRAW e comecei a produzir todas as artes; o Ricardo começou a fazer um código para mudar os preços automaticamente naquele dia. Viramos a noite, mas valeu a pena. A loja, que fazia em torno de 20 a 30 pedidos por dia, chegou a 117 pedidos com aquela ação. Ficávamos conferindo o celular o dia todo e falando um com o outro quantos pedidos havia. Vivemos aquele momento junto com o cliente, que ficou encantado com o nosso serviço. Para nós era claro que o sucesso dele traria mais gente e mais confiança para a plataforma.

Agora, jogo o desafio para você: *o que pode fazer hoje para encantar o seu cliente com os recursos que já possui?*

A ERA DO INTANGÍVEL

Parte da estratégia do foco no cliente foi construir o nosso ecossistema de parceiros e embaixadores da XTECH COMMERCE. Muitas vezes os clientes faziam esse papel, apresentando lojistas em potencial, falando sobre a empresa, indicando a XTECH COMMERCE para eventos. O nosso ecossistema tem um grande poder e absolutamente nada desse valor é tangível. Vivemos hoje a era da desmaterialização dos ativos das empresas. Para nós, isso ficou evidente quando percebemos, por exemplo, que os nossos *leads* qualificados poderiam impulsionar um parceiro e nos fazer crescer organicamente.

A era do intangível já tem exemplos clássicos, como Uber e Airbnb. Empresas que se tornaram milionárias, mas que não possuem o produto que vendem, nem mesmo um único carro ou imóvel está registrado no nome deles. Mas o que faz o negócio ser valioso? Ecossistema e audiência. E foi nisto que focamos: o intangível que interessava para o cliente.

Victor Mesquita foi um dos primeiros clientes da Marketing Shop e, logo em seguida, da XTECH COMMERCE. Ele criou junto com o sócio um e-commerce especializado em descartáveis para a área hospitalar, o Dr. Luvas. Fizemos juntos a criação da marca, a identidade visual e a seleção de uma plataforma digital para rodar o site dele.

Como éramos amigos, não tínhamos hora para falar de negócio: acontecia uma reunião na praia, no restaurante, a qualquer momento. Não havia tempo ruim, podia ser às duas da manhã. Se fosse para falar de negócio, eu estava sempre disponível.

Quando estava fazendo minhas pesquisas para este livro, chamei o Victor para conversar e ele disse algo muito interessante: o serviço da XTECH COMMERCE sempre foi muito flexível comparado com o dos concorrentes. Não era uma agência ou depois uma plataforma que diz para o cliente: "É isso que temos para oferecer hoje. Se você precisa de mais ou de algo diferente, boa sorte para encontrar". Era só ele ter algum problema ou sugestão que nos colocávamos à disposição para analisar a viabilidade e acolher, resolver o problema ou dar uma sugestão de solução para o que ele propunha para a empresa. Nunca deixamos os clientes de lado, mesmo abrindo centenas e depois milhares de lojas por dia. O foco em cada um deles é essencial.

O cliente é o seu centro de pesquisa, e por isso você precisa de mais do que um formulário frio de avaliação do seu serviço. Por isso, pegue o telefone, chame para um almoço e converse: "Se você estivesse sentado no meu lugar, o que mudaria? O que faria?". Tente ir a fundo com o seu cliente, porque isso surpreende muito.

Victor e eu compartilhamos uma noção que pode servir para você: o bom atendimento ao cliente é aquele no qual a empresa resolve o seu problema e não fica buscando desculpas sobre por que

> O bom atendimento ao cliente é aquele no qual a empresa resolve o seu problema e não fica buscando desculpas sobre por que o problema está acontecendo

o problema está acontecendo. Quando o bicho pega, ninguém quer uma explicação em termos técnicos ou entender as falhas do fornecedor, você quer o problema resolvido, o serviço rodando, agilidade. Não importa a hora, não importa o dia, não importa o tamanho do cliente, tenha atenção e cuidado com aquele problema. Saber que vale pagar mais caro em um serviço porque ali, a qualquer momento, vão resolver o seu problema, isso é valor intangível. O cliente é o seu foco e vai ser sempre a sua melhor mídia.

DEMITA O CLIENTE QUE NÃO FAZ O NEGÓCIO CRESCER

É fundamental saber para quem você vai vender, porque não é qualquer pessoa que queira usar o seu serviço que vale a pena ou ajuda seu negócio a chegar lá. Os clientes ideais vão retornar a maior receita, tanto de forma direta, por pagarem tickets maiores e permanecerem mais tempo como clientes, quanto de forma indireta, por falarem bem da marca e fazerem boas indicações. O cliente que não é o ideal pode, inclusive, atrapalhar. Ele demanda atenção, tempo, investimento, não retorna em dados valiosos, não é mídia para a empresa e ainda pode reclamar do seu serviço. Por experiência própria, digo: o cliente que eu tentava agradar mais, me desdobrava para atender melhor, era o que falava mal de mim. O segredo para crescer está nas renúncias daquilo que não frutifica para você.

Muitas vezes é preciso demitir o cliente que atrapalha e focar naquele que o ajuda a ser melhor, não apenas usar o serviço e o produto mais barato. Durante a história da XTECH COMMERCE tivemos muitos clientes que queriam só a plataforma mais barata, não investiam no negócio e não queriam que fôssemos cada vez melhores. Não se esqueça: você precisa ouvir o cliente certo e demitir os errados.

O cliente ideal além de gerar melhor receita e mídia, gera indicação. Ele tende a conviver com pessoas do mesmo perfil que ele. É o que acontece com qualquer pessoa, você convive com gente como você, que trabalha onde você trabalha, ganha o tanto que você ganha e consome coisas parecidas. Você conhece e convive com pessoas do seu segmento. Assim é o cliente ideal, a micromídia que convive com determinado raio de clientes em potencial. Esse cliente não vai ser conquistado com soluções preguiçosas como um desconto. Ele precisa receber alguma outra coisa de muita percepção de valor para ele.

Ser assertivo para gerar valor ao cliente exige saber para quem você está vendendo, o que importa para essa pessoa, o que ajuda o dia a dia dela, porque mesmo nas vendas B2B (Business to Business) você está lidando com pessoas, com tomadores de decisão.

Além disso, é importante agir com responsabilidade e visão estratégica. Não perca faturamento para agradar ao cliente, e sim gere mais venda com um custo de aquisição de cliente menor. O poder hoje do microinfluenciador é imenso, colocá-lo em escala é um gol de placa, e para isso é preciso dar algo para que ele promova, se sinta especial para o seu negócio e recompensado.

SABER QUEM É O CLIENTE IDEAL ABRE OPORTUNIDADES

Enxergar o que é uma oportunidade para o seu negócio sem perder o foco é importante. Existe uma parte muito feliz da nossa história. Tudo começou quando percebemos que o perfil do cliente ideal para nós naquele momento era quem já tinha loja virtual, alguém que possuía uma trava para ver conteúdo de outra plataforma ou alguma solução de marketing. Alguém que precisasse muito de uma solução de marketing que servisse para trazer tráfego para o seu e-commerce, mas que ao entrar em contato com qualquer solução já achava que a plataforma tentaria vender algo para ele.

Precisávamos impactar esse cliente que já tinha loja. Daí começamos a criar um blog com um nome genérico e a olhar outras soluções para mirar essa persona. Esse tipo de ação é chamado de marketing de engenharia. Para chegar a isso, desenvolvemos, por exemplo, algumas ações como o GuruPME em parceria com a We Do Logos, e o Seomatic que ajudava o lojista com SEO, além da app4store que criava um aplicativo da loja. Todas eram soluções com nomes genéricos, com foco no mesmo cliente, e utilizadas para entrar na base de plataformas concorrentes e chamar a atenção de lojistas de outras plataformas sem citar o assunto migração para a XTECH COMMERCE. O intuito era conseguir acesso ao contato daquele lojista que poderia se tornar nosso cliente. Na primeira dessas iniciativas conhecemos o que depois seria a Socialrocket, chamada anteriormente de Instarocket.

Quando a XTECH COMMERCE já tinha alguns canais de venda comprovados dando bons resultados, resolvemos criar nosso próprio *framework* e testar nesse mercado de micro e pequenas empresas. Fui palestrar em um evento em São Gonçalo e conheci o Lucas Vilela, que, depois da palestra, me apresentou uma solução feita por ele em parceria com um estrangeiro que era vendida no Brasil e que já havia alcançado mais de 50 clientes. Ele tinha uma solução de automação para Instagram, que fazia muito do trabalho pelo lojista para captar *leads*, contatar pessoas e tornar a vida das PME (pequenas e médias empresas) nessa rede social muito mais rápida e fácil. Ficamos de conversar para eu conhecer e usamos um lojista nosso para testar se realmente aquela solução ajudaria nossos clientes a vender mais. Na época, o Instagram estava começando a ajudar muito as lojas a vender e se tornava a principal rede social.

Deu supercerto. Além disso, conversar com o Lucas me deixou impressionado com o quanto ele entendia da rede social e tinha vontade de fazer aquilo crescer. Fizemos uma negociação e expliquei a ele tudo que sabíamos de marketing e vendas, a estrutura administrativa que tínhamos e propus que ele focasse em produto. Nasceu o Instarocket. Começamos a aplicar toda nossa estratégia de marketing de percepção, *branding*, máquina de venda (que você vai entender melhor no capítulo 8), eventos, canais *versus* mídia e em poucos meses a empresa já tinha mais de 1.000 clientes. Expandimos para outras soluções e percebemos que a técnica e os canais eram escaláveis e daí o foco se tornou um divisor de águas para o negócio. A importância do foco para se construir algo grande precisa estar na matriz da cultura, do time e principalmente dos líderes.

Durante esse processo, pensamos em vender o Instarocket por conta do potencial, pensamos em deixá-lo parado e até em separar a operação e dedicar um time a ele 100% do tempo para poder ter seus próprios sonhos e metas. Aprendemos muito com isso, que financeiramente era ótimo e importante, mas acabava tirando energia e foco em momentos que precisávamos estar alinhados com a XTECH COMMERCE. A XTECH COMMERCE era o meu projeto principal e não poderia sair da minha visão. Em paralelo, o Lucas foi amadurecendo e assumindo a área de negócios, e a solução ajudava cada vez mais nossos lojistas a usarem o Instagram como canal de vendas e a ganharem mais seguidores e engajamento. Precisamos mudar o nome da solução para Socialrocket, já que recebemos uma notificação do Facebook sobre o registo que eles têm sobre os termos "Insta" e "gram"). Em três anos, chegamos a ter mais de 150 mil usuários criados em mais de 7 países. A visão sobre quem era o cliente ideal da XTECH COMMERCE fez o contexto perfeito para a Socialrocket crescer dentro do nosso negócio.

FOCO NO CLIENTE TAMBÉM SALVA DOS TOMBOS

A preocupação em comunicar o valor intangível estava presente em tudo o que fazíamos. No início da XTECH COMMERCE, decidimos participar de uma feira do Sebrae em São Paulo para conseguir conversar com as pessoas ao vivo e encantá-las. Nosso estande era pequeno, mas era o mais cheio da feira. Eu oferecia parceria para todos os outros estandes, deixava nossos folhetos por lá, chamava para ver, oferecia algo em troca. Eu não parei um minuto na feira, porque ali estava todo o nosso foco. As pessoas ficaram curiosas para saber que plataforma nova era aquela. Pela primeira vez, vimos o tamanho da oportunidade que tínhamos na mão. Foi a primeira vez que veio um sonho grande. Lembro de pensar: "Caraca, dá para ser grande, tem muita oportunidade, tem muita parceria, muita gente querendo abrir negócio". A feira foi, para nós, um sucesso absoluto. Saímos de lá com várias parcerias fechadas.

Começamos a construção de imagem, demonstramos na feira uma energia, um gás, uma vibe que chamou muito a atenção de todo mundo e aproximou as pessoas de nós. Passamos um ano como "promessa do mercado de e-commerce". Ali começava um movimento acelerado de crescimento, que acabaria provocando nosso fiasco da Black Friday de 2015: não tínhamos experiência necessária para estar do tamanho que conseguimos atingir. Relembrando (afinal, lembre-se, os fracassos são os grandes mestres para o sucesso): a plataforma ficou quatro horas fora do ar por causa do acesso limitado ao servidor – e naquele momento rolou uma atualização da Amazon para a qual não nos atentamos. Resolver aquela crise exigiu reprogramação, o que levou mais ou menos três horas. Depois de tanto tempo fora do ar em pleno pico da Black Friday, entre meio-dia e seis da tarde, como conseguir continuar vendendo um valor intangível para o cliente? Como você encanta alguém que está ameaçando processá-lo?

No mesmo dia, tivemos cerca de 50 cancelamentos. Depois conseguimos recuperar 40 desses clientes – e tenho orgulho de dizer que todos os clientes que mandaram notificações judiciais por conta desse episódio hoje são nossos amigos. No ano seguinte, só superaríamos a imagem negativa depois de uma Black Friday bem-sucedida. Investimos em construção de marca, ecossistema e infraestrutura durante um ano até a próxima Black Friday. Mudamos de escritório, para mostrar que estávamos realmente investindo, recontratamos várias pessoas, atualizamos o time, fizemos capacitação de toda a equipe. E sempre mantendo aquele contato muito próximo com os lojistas, muito feedback, muito ouvido atento para atender a qualquer coisa que, para eles, fizesse aquela experiência ser melhor ou mais dinâmica. Durante todo o ano de 2016, reinvestimos recursos na empresa, reajustamos o produto, fizemos várias coisas acontecerem internamente, sempre com foco total no cliente. E quando chegasse a Black Friday "prova dos nove", iríamos finalmente conseguir pisar no acelerador com os dois pés. Era esse o nosso plano.

Então, chegou o dia: a Black Friday de 2016. Foi recorde total, sem falha alguma. Plataforma estável, tudo perfeito. A XTECH COMMERCE se tornou mais do que uma promessa, um canhão armado para crescer em cima do mercado. Viramos o ano acelerando no máximo. O foco nunca saiu do cliente, mesmo daquele que parecia perdido para sempre.

COMO DEFINIR O SEU CLIENTE IDEAL?

Primeiro, mapeie sua base de clientes atuais. A melhor forma de entender o perfil da clientela é analisar na série histórica de seus clientes quais são os mais rentáveis, ou seja, pagam mais, por mais tempo.

Depois de fazer essa análise, extraia os 20% de clientes que possuem maior LTV (*life time value* = receita gerada pelo cliente no ciclo de vida com a empresa) e encontre correlações entre eles, quais são os pontos relevantes compartilhados pelos clientes.

Faça as perguntas importantes para identificar correlações entre os clientes:

1. Qual é o segmento de mercado?
2. Qual é o tamanho médio da empresa?
3. Em qual região geográfica ela está localizada?
4. Qual é o seu maior desafio?
5. Qual é o menor custo de aquisição?
6. Qual empresa possui ciclo de fechamento mais curto?
7. Qual é o melhor canal para prospectar (LinkedIn, Facebook, e-mail, telefone)?
8. Com qual perfil de empresa seu produto/serviço apresenta maior valor percebido?

As respostas vão fazer você entender o que esses clientes precisam para expandir o relacionamento com o seu serviço ou produto. Isso vai se tornar um mapa de próximas ações para buscar novos clientes também.

Agora, para entender o perfil do cliente ideal, caso você não tenha histórico de clientes, você precisa trabalhar com hipóteses:

1. Defina 5 segmentos de empresa com os quais poderá trabalhar.

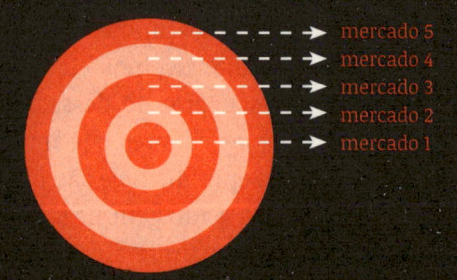

→ mercado 5
→ mercado 4
→ mercado 3
→ mercado 2
→ mercado 1

2. Faça entrevistas com ao menos 5 empresas de cada segmento para entender os desafios, objetivos e processos.
3. Crie uma agenda de experimentos de aquisição para cada segmento com *landing pages* (páginas de captura) e campanhas específicas.
4. Analise os resultados para entender:
    a) Maior ticket médio.
    b) Maior conversão.
    c) Menor custo de aquisição.

Com essas informações à mão, escale os investimentos no segmento que apresentar os melhores indicadores. É muito importante que você comece com um mercado bem definido, tenha fãs e foque uma solução que os seus clientes amem. Depois disso, faça sua expansão conquistando outros segmentos e evolua.

#BORAVENDER
Seja o melhor para o seu cliente, não queira ser o melhor do mundo.
@alfredosoares @boravender

#BORAFAZER

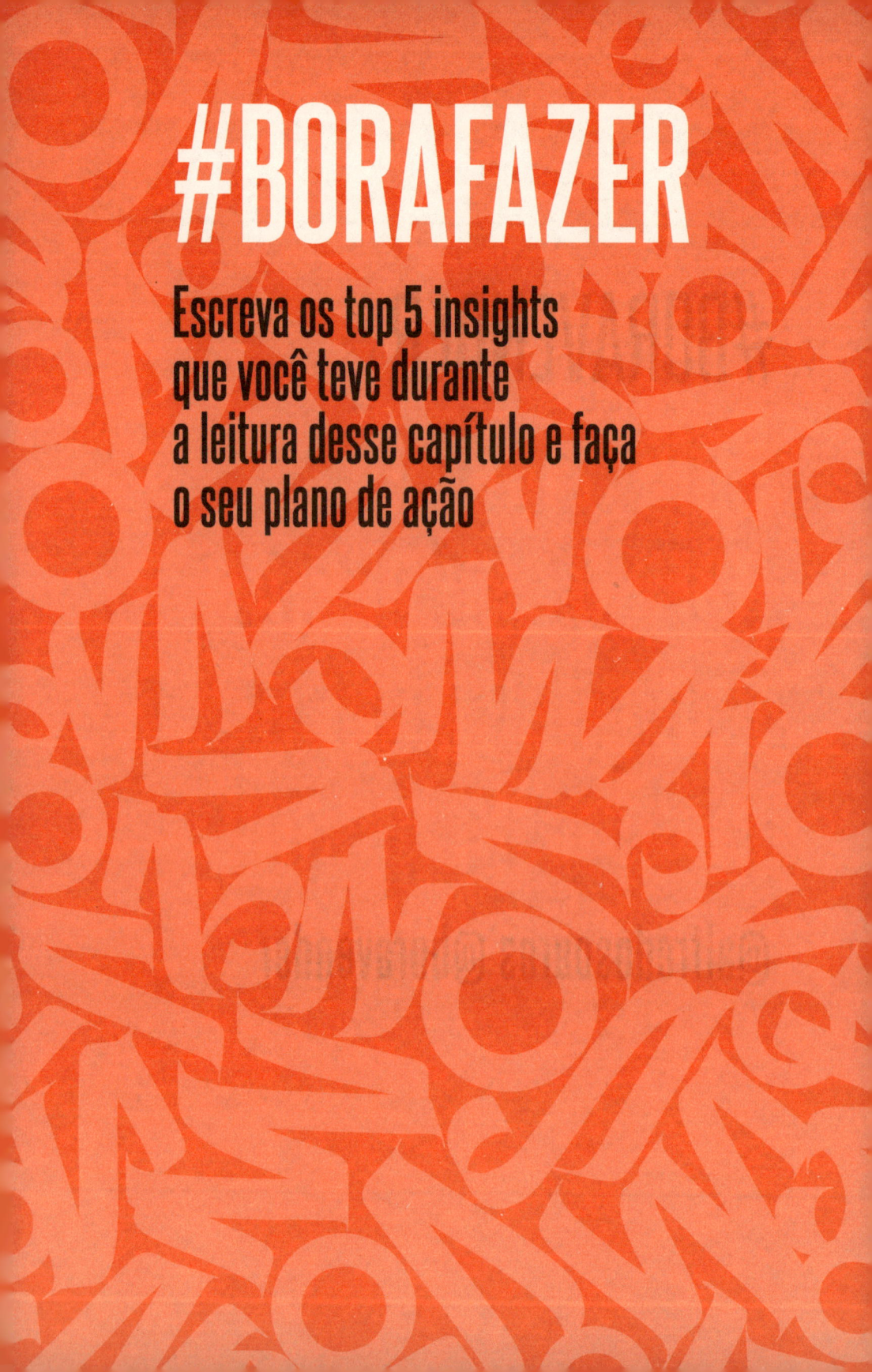

Escreva os top 5 insights que você teve durante a leitura desse capítulo e faça o seu plano de ação

1. _____
   _____
   _____
   _____

2. _____
   _____
   _____
   _____

3. _____
   _____
   _____
   _____

4. _____
   _____
   _____

5. _____
   _____
   _____
   _____

PLANO DE AÇÃO

O QUÊ?

_____
_____
_____
_____
_____
_____
_____
_____
_____

POR QUÊ?

_____
_____
_____
_____
_____
_____
_____
_____
_____

COMO?

QUANDO?

8.
UMA ESTRATÉGIA PARA SER REPLICADA

No mundo digital não existe "eu acho", existe métrica

A sacada mais interessante do crescimento da XTECH COMMERCE, que exigiu muita execução e muita tentativa e erro foi criar uma máquina de vendas. A máquina é criada quando você consegue sair do "o que" você vende para "para quem" você vende. Não importa o quê, mas para quem. Quando você entende o cliente ideal, os problemas e as dores dele e onde encontrá-lo, é possível desenhar uma máquina de vendas previsível. Este é o maior poder das empresas hoje: ter previsibilidade nas vendas, em vez de estruturar uma estratégia para uma única explosão de faturamento no lançamento de um novo produto.

Os elementos deste capítulo para você criar sua própria máquina de vendas podem ser testados e modulados de acordo com os resultados que você vai medir. Tudo em tecnologia é mensurável, e hoje esse tipo de recurso está ao alcance de empresas de todos os portes. No mundo digital não existe "eu acho", existe métrica.

A máquina de vendas funciona como um *framework* que pode ser replicado para outros negócios. Criar o *framework* de vendas é uma estratégia comprovada que, inclusive depois de ter dado certo na XTECH COMMERCE, decidimos testar criando outro produto e também deu certo.

A metodologia que usamos foi criada com base em muitas fontes, mas com algumas inspirações principais, como o livro *Receita previsível* (2017), de Aaron Ross. Esse livro dá o segredo para gerar mais *leads* e como convertê-los em vendas gerando uma receita previsível para o seu negócio. Ele desmonta a ideia de que, para a empresa crescer, basta contratar e motivar mais vendedores, quando na verdade a sacada é outra: você precisa criar mais gente interessada no seu produto ou serviço. Educar o consumidor. Para isso, foi necessário quebrar as funções do time de vendas, em vez de um vendedor acompanhar o *lead* desde o começo até o fechamento, foram separados vendedores especialistas em lidar com *leads*, depois os que acompanham os *prospects* no funil de vendas até o momento de fechar.

O funil é a jornada pela qual o *lead* passa até se tornar um cliente. Vamos explorar isso melhor mais à frente. No livro, Ross fala que o maior desafio não é vender para o cliente, e sim descobrir quem ele realmente é. Para isso, você precisa tomar algumas medidas: entender seu funil de vendas e a taxa de conversão de cada etapa da jornada do consumidor, ter clareza do valor do ticket e formar colaboradores para captarem, fecharem venda e cultivarem o relacionamento com o cliente depois da venda, em times separados. Nem todo vendedor é bom para fechar a venda, ou para administrar o cliente, então o ponto é gerar oportunidades para o time de vendas conseguir a máxima conversão.

MÁQUINA PREVISÍVEL XTECH COMMERCE

Além do material do Aaron Ross e do conceito *spin selling* (que será explicado mais à frente), muitos especialistas também me ajudaram ao longo dos anos a montar a nossa máquina de vendas. Durante esses anos, as metodologias deles fizeram com que eu tentasse combinações de ideias, conceitos e táticas até criar a nossa própria máquina de vendas. São eles: Thiago Concer (Orgulho de ser vendedor), Thiago Reis (Growth Machine), Diego Gomes (Rock Content), Guilherme Machado (Quebre as Regras), Pedro Filizola (SambaTech) e Raphael Lassance (Growth Team). Você pode reconhecer um pouco dos materiais deles aqui, e eu sugiro fortemente buscar na fonte o que eles estão fazendo, porque vale muito a pena.

A primeira lição, desde os tempos de agência, é que não existe "bala de prata". Não existe canal ou mídia que vai ser responsável pela escalabilidade do seu negócio, que vai dar conta do seu crescimento e do qual você vai poder depender única e exclusivamente dele. O sucesso é o resultado de diversas ações. Mesmo na época da agência, com um processo de vendas mais *one-to-one* e sem pensar em escalar o negócio (nem conseguíamos fazer isso!) até com a XTECH COMMERCE e Socialrocket, isso ainda é verdade. Não dependa nunca de um único lugar para buscar os *leads*.

A outra grande lição é sempre estar preparado para pivotar seu modelo ou sua máquina de vendas para outro formato ou com outro funil. Não existe uma fórmula pronta. Não existe um modelo pronto, e mesmo quando você acertá-lo, não vai durar tanto assim. Vendas é algo alinhado ao objetivo do negócio no momento, pode ser crescimento ou rentabilidade; se o objetivo muda, a máquina acompanha.

Com o poder da previsibilidade também fica mais fácil modelar as mudanças. Quando falamos sobre construir um negócio escalável e uma estratégia de vendas consistente, não estamos falando de criar um pico de vendas, uma explosão de lançamento, por exemplo, mas sim de criar uma estratégia consistente para construir uma curva de crescimento de vendas, sustentável e eficiente, que consiga ser operada o ano todo. Para crescer, a empresa precisa se encaixar nos 4 elementos abaixo:

A EMPRESA PRECISA SE ENCAIXAR NOS 4 ELEMENTOS DO MODELO ABAIXO PARA CRESCER

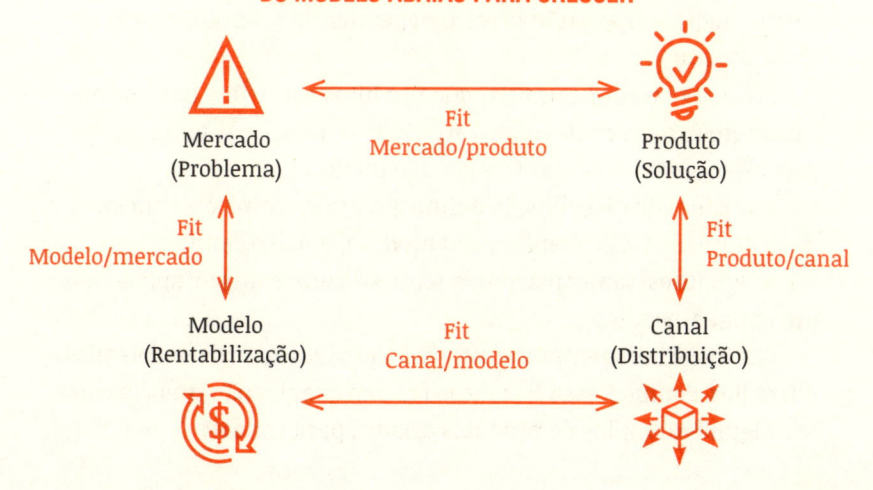

```
        Mercado          Fit            Produto
       (Problema)   Mercado/produto    (Solução)

           ↑                                ↑
          Fit                              Fit
      Modelo/mercado                   Produto/canal
           ↓                                ↓

        Modelo           Fit             Canal
    (Rentabilização)  Canal/modelo   (Distribuição)
```

Quando você entende que o produto ou serviço que você entrega deve passar por esse circuito, é possível planejar a sua máquina de vendas.

O principal na construção de uma máquina de vendas é você ter o controle do crescimento do seu negócio e da velocidade desse crescimento, pois é você que controla a máquina – e quando consegue prever o seu crescimento de receita, o negócio pula para outro nível de profissionalismo.

Os benefícios de criar uma máquina de vendas previsível na sua empresa são:

1. Previsibilidade na geração de *leads*;
2. Um time integrado de marketing e vendas;
3. Sistemas de vendas consistentes e eficientes que gerem oportunidades para o seu vendedor, possibilitando o controle de medir quantas oportunidades o negócio tem.

ROTINA DO TIME: CONSISTÊNCIA = EFEITO VIRAL

O primeiro erro que muitos empreendedores cometem – e não foi diferente conosco – é tentar criar um produto para agradar a todo mundo. Isso não vai acontecer. O produto precisa ser bom, mas o centro da questão é conhecer o cliente e ganhá-lo. Dominar o público, os canais de distribuição e comunicação é o que determina o verdadeiro poder de uma empresa em seu segmento, pois o produto que é tendência hoje pode simplesmente não ser mais em apenas alguns meses com a velocidade da informação. Se o cliente agora é meu, não preciso depender do produto, o produto é *commodity*.

Preciso ressaltar também que produtos são feitos para se encaixar em canais, e não o contrário. Existem algumas análises importantes quando o assunto é canal e produto:

1. O canal de distribuição define a regra de como ele funciona;
2. Você controla apenas o seu produto, e não o canal;
3. Produtos são construídos para se aproveitarem apenas de um canal específico;
4. A maioria das empresas pensa em produto e canal em dois silos diferentes. Contudo, essa separação faz com que eles não se encaixem.

Alguns exemplos de produtos criados para canais:

O grande objetivo de toda empresa, ou o diferencial de uma boa estratégia para uma inovadora, é crescer sem perder eficiência

1. Marketing pago

Games (Supercell, TFG Co), e-commerce (Dafiti, Kanui, Tricae), clubes de assinatura (Evino, Wine). Em todos eles, mais de 70% do crescimento é proveniente do marketing pago.

2. UGC SEO (Conteúdo gerado pelo usuário)

Wikipedia, Quora, Reddit, TripAdvisor, Yelp, Glassdoor, Pinterest e Houzz. Em todos eles, mais de 70% do crescimento é proveniente do UGC SEO.

3. Viral

WhatsApp, Facebook, Evernote, Dropbox e Slack. Em todos eles, mais de 70% do crescimento é proveniente do compartilhamento viral.

É preciso priorizar um ou dois canais por vez para encontrar a sua lei de potência, medindo a retenção por período e controlando o investimento que é preciso fazer para atrair o cliente caso o canal seja pago. Além disso, não tenha silos entre o time de aquisição e o de produto, isso evitará o ruído entre as duas pontas. Por esses motivos, produto e canal devem sempre andar juntos.

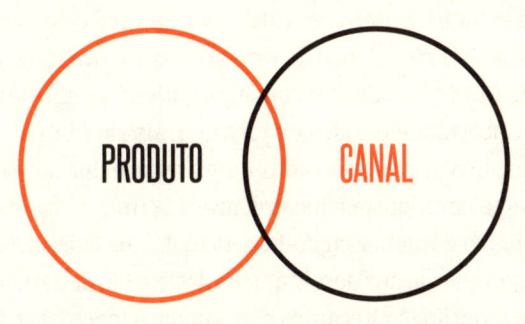

PRODUTO   CANAL

$$CAC = \frac{\text{(Investimento em MKT + Vendas)}}{\text{Novos usuários}}$$

Defina seu perfil de cliente ideal e construa um produto pensando nesse cliente. Uma boa estratégia de vendas não começa no canal de distribuição, no desenvolvimento do produto ou no marketing, mas na definição do público que o produto ou serviço será desenvolvido. Esse exercício você já começou no capítulo anterior traçando o perfil do cliente ideal.

Outro ponto muito importante é a segmentação. Use esse poder para conseguir tração na sua estratégia. Pense estrategicamente em quais regiões aquele produto e serviço vão ter maior aderência e gaste mais energia nesses locais para ser mais eficiente. Assim que você tiver definido quem são os seus clientes ideais, é hora de mapear a base deles. Analise o histórico dos clientes, vendo o que neles gera resultado financeiro para a empresa. Não estamos falando daquele cliente para o qual você vendeu na empolgação pela meta, e sim em quem tem o maior ticket e recorrência, os 20% mais valiosos. O que eles têm em comum?

No começo de tudo na XTECH COMMERCE, criamos uma estratégia que chamei de estratégia *War*, tendo a consciência de que não conseguiríamos atacar o Brasil todo porque perderíamos força e relevância além de gastar muito dos nossos recursos, que eram poucos. Tomamos a decisão de começar a construir nossa autoridade pelo Nordeste e Centro-Oeste do Brasil, como relatado no capítulo 6. Com isso, ganharíamos relevância, criaríamos uma boa base de clientes e números para chegar a São Paulo já sendo relevantes no mercado. Após ser relevante em São Paulo, poderíamos ir ao Sul como uma empresa nacional e buscar parceiros locais para facilitar os negócios. Não significa que não vendíamos para outros estados, porém se trata de onde você coloca sua maior energia. Essa estratégia nos fez crescer com um CAC (Custo de Aquisição de Cliente) menor e conseguir, além de ganhar clientes, conquistar autoridade e cases de forma mais rápida no mercado.

A estratégia *War* começou com a nossa participação em eventos de e-commerce com lojistas que procuravam uma segunda loja com preço mais baixo e melhor custo-benefício do que existia. Separamos por regiões que queríamos dominar (Nordeste e Rio de Janeiro), depois os nichos de atuação (começamos com moda, e todo mês entrava um novo nicho) e na sequência por porte de empresa (pequenas e depois médias). Em seguida, fomos procurando lojas físicas, que certamente estariam interessadas em vender pela internet, e mais tarde lojas que já vendiam on-line, que poderiam estar interessadas em migração.

Como não existe bala de prata, durante os últimos quatro anos de XTECH COMMERCE, nós mudamos os modelos muitas vezes, sempre diversificando canais e buscando transformar mídias em canais de venda, como se cada mídia fosse um ponto de venda ou quiosque de shopping. Após a venda, percebi que o grande objetivo de toda empresa, ou o diferencial de uma boa estratégia para uma inovadora, é crescer sem perder eficiência. A maioria dos empreendedores está disposta a vender parte do seu negócio, gastar todo seu caixa ou sacrificar o EBITDA (lucros antes de juros, impostos, depreciação e amortização) para obter um crescimento rápido, ganhar mercado, aumentar seu negócio. Porém, na maioria das vezes, essas empresas esgotam os canais de aquisição, aumentam risco e passivos e esquecem que a cada ciclo fica mais desafiador manter o ritmo de crescimento agressivo. Isto é o que o conceito de receita previsível pode fazer para ajudar seu negócio: ter o controle do crescimento, criar ritmo, crescer sem perder eficiência, otimizando cada ciclo do negócio.

Sempre diversifique os canais de venda e de busca dos clientes. Às vezes, novos canais irão aparecer. Nesse momento, um movimento acontecerá: as empresas tentarão copiar e colar os seus produtos nos novos canais. Entretanto, pela dificuldade de encaixar os produtos nesses novos canais, novas empresas poderão surgir para suprir essa demanda. Veja, na página seguinte, uma lista de potenciais canais de venda para você refletir e analisar quais fazem sentido para o seu negócio.

A JORNADA DO CONSUMIDOR

Se analisarmos o comportamento de compra nos últimos anos, a grande mudança foi a seguinte: há dez anos o comprador procurava um produto, comprava e depois dava opinião sobre ele. Hoje, o comprador simplesmente busca opiniões antes de tomar qualquer decisão de compra. Por isso, nos últimos anos, experiência e atendimento vêm ganhando atenção com as redes sociais, eles se tornaram gatilhos de oportunidades para o marketing viral, conhecido antigamente como boca a boca. Ao planejar seu negócio ou pensar na sua estratégia de venda, comece refletindo sobre a relação da sua marca com o seu público, pois seu produto pode mudar de acordo com o mercado.

CANAIS PARA ATRAIR POTENCIAIS CLIENTES		
Site	E-mail marketing	Eventos off-line
Blog	SMS	Eventos on-line
Blogs de terceiros	Marketing viral	Palestras
Assessoria de imprensa	Panfletagem	Merchandising com palestrantes
Influenciadores	Co-marketing (ações junto a parceiros)	Criação de comunidades
Publieditorial	Engenharia como marketing (criar sistemas para captação de *leads*)	Fóruns, comunidades e grupos de Facebook
Search Engine Marketing (SEM)	Desenvolvimento de negócios	Associações, clubes e grupos
Search Engine Optimization (SEO)	Time de promotores de vendas	Marketing de indicação
Social e Display Ads	Programas de afiliados	Mobile Ads
Mídia off-line	Plataformas existentes	Anúncios em aplicativos
Marketing de conteúdo (e-book, hangout, whitepapers, pesquisas etc.)	Feiras de negócios	Aplicativos

Olhando a nossa história, o público PME sempre esteve no nosso foco. Entendendo o consumidor, você compreende que problema ele quer resolver. O nosso consumidor tinha o problema de vender pela internet. Quando o cliente tem um problema, ele passa a pesquisar sobre formas de resolvê-lo. Esse processo de busca envolve algumas fases, as quais você precisa identificar e oferecer algo para atender-lhe em cada uma dessas fases. São materiais de comunicação, e-mail marketing, vídeos, informativos, vendedores especializados nessa fase que podem caminhar com o cliente pela jornada de decisão dele, afunilando os compradores potenciais para compradores efetivos.

A virada do jogo na XTECH COMMERCE foi entender que, na jornada do consumidor, o *lead* não se tornava nosso cliente ao criar uma loja, porque ele poderia abandoná-la. Ele só seria efetivamente um cliente quando fizesse a sua primeira venda pela plataforma, então era necessário um time que acompanhasse os clientes que criaram a loja para que tivessem sucesso, efetivando a venda e gerando um relacionamento que os transformasse em clientes ideais que indicam e falam bem da plataforma.

A jornada do consumidor funciona basicamente em 4 estágios:

Estágio I | APRENDIZADO E DESCOBERTA: quando o cliente percebe que precisa buscar uma solução, começa a estudar uma área, mas ainda não tem consciência do problema. Por exemplo, uma PME que não tem faturamento satisfatório passa a buscar dicas de gestão, leituras sobre administração e vendas. Esse é um momento em que a pesquisa atira para todos os lados.

Estágio II | RECONHECIMENTO DO PROBLEMA: quando o cliente define o problema e começa a fazer uma pesquisa mais direcionada. A PME passa a buscar informações especificamente sobre estratégias de venda, como aumentar o volume e o ticket médio dos clientes, o que é recorrência, entre outras.

Estágio III | CONSIDERAÇÃO DA SOLUÇÃO: quando uma solução é eleita e o cliente busca a solução para ver quem a oferece no mercado. A empresa com problemas de faturamento que percebeu que deve vender mais entende que precisa de uma plataforma de e-commerce, por exemplo, e decide estudar os planos e preços dos serviços disponíveis no mercado.

Estágio IV | DECISÃO DE COMPRA: depois de informado sobre o que está disponível, o cliente lê opiniões de outros usuários e faz a compra. Esse é um momento sensível do fechamento da venda e é aí que ele se torna cliente de verdade e precisa ser atendido como alguém que já comprou. É preciso gerar um relacionamento com ele.

FUNIL DE VENDAS X JORNADA DO CONSUMIDOR

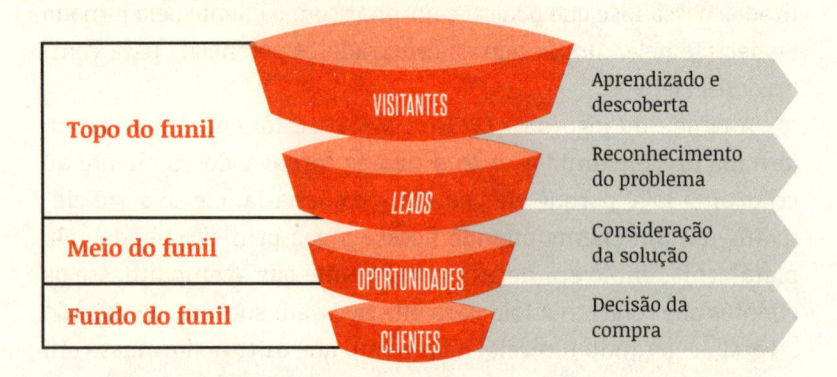

	Funil	Jornada
Topo do funil	VISITANTES	Aprendizado e descoberta
	LEADS	Reconhecimento do problema
Meio do funil	OPORTUNIDADES	Consideração da solução
Fundo do funil	CLIENTES	Decisão da compra

A jornada do cliente é adaptada a cada negócio. A do cliente da XTECH COMMERCE é um pouco diferente, uma vez que entendemos que a venda só vai efetivamente acontecer quando esse cliente começar a vender em sua própria loja (e não quando criá-la). Sendo assim, os times foram separados para não apenas atrair clientes e fechar contratos, mas para garantir o sucesso desse cliente no e-commerce, inclusive melhorando o produto de acordo com a demanda dele.

GESTÃO DO FUNIL

Recomendo algumas práticas para que a gestão do funil seja feita adequadamente. Para isso, você pode trabalhar com alguns times:

Growth: o time que busca *leads* e faz as prospecções com ligações e e-mails frios, ou seja, é o primeiro contato do cliente com a nossa solução. Aqui, abordam-se as empresas que estariam interessadas dentro da segmentação definida. Para funcionar, cada segmentação deve ter a sua rotina definida.

Onboarding: aqui se cuida do momento em que o cliente testa um piloto e tira dúvidas sobre a plataforma ou serviços oferecidos.

No caso da XTECH COMMERCE, ele pode optar por abrir uma loja conosco, mas nesse momento a venda ainda não foi efetivada.

CS (cuida do sucesso do cliente): no nosso modelo, o cliente só se torna efetivamente um cliente quando consegue fazer vendas pela plataforma. O time de CS consegue recolher as dificuldades do cliente e levantar pontos de melhoria para a plataforma.

Produto: o time de produto é parte da jornada do cliente, porque é função dele tentar aumentar a retenção, recebendo demandas do CS para executar e passar o resultado ao time de retenção.

Retenção: com a função de prever quem está saindo, ao receber os pedidos de cancelamento, essa equipe repassa a informação para o time de Growth. Essa área é fundamental porque nos ajuda a avaliar se estamos atraindo o perfil errado de cliente, vendendo para quem não vai investir na loja, como lojistas que vendem por WhatsApp, mas não se qualificam para ter um e-commerce, não se profissionalizaram. Para evitar isso, nosso time de Growth, por exemplo, precisa considerar alguns itens sobre o *lead*: se tem contador, loja física e outros elementos que demonstrem comprometimento com o negócio e que aumentam a chance de crescimento.

OS PASSOS PARA A MÁQUINA DE VENDAS

Crescer não é só tática, e sim estratégia. Por isso, segmentar o time de vendas em especialidades é uma forma de tornar o seu planejamento de vendas mais estratégico. Um time só busca *leads*, o outro trabalha as abordagens com esses *leads*, e daí cada equipe pode acompanhar o cliente durante uma etapa da jornada de acordo com as suas habilidades. Pesquisamos internamente e foi constatado que uma pessoa consegue gerenciar no máximo 400 *leads* por mês, 20 *leads* por dia. À medida que o volume aumenta, o time de vendas deve ser mais complexo, com cargos e tarefas definidas e especializadas, pois não adianta apenas aumentar o número de horas que seu time trabalha ou a pressão sobre eles.

Para montar uma estratégia para a sua máquina de vendas, é preciso considerar os seguintes pontos:

Planejamento: trace sua própria estratégia *War*, os nichos de atuação, localizações e segmentos mais interessantes para despender energia. Não adianta achar que é possível começar atirando para todo lado, pois isso só vai gastar recursos da empresa e gerar pouco impacto no final.

Conhece o conceito clássico de meta SMART que os gestores usam há anos? SMART é uma sigla dos termos em inglês "específico", "mensurável", "atingível", "relevante" e "temporal" que dizem respeito ao objetivo que você deve estabelecer. Desconstrua a meta SMART em estratégia, dando um tempo específico para atingir seus objetivos e trabalhando relevância e expectativa com indicadores-chave na área de vendas. São eles:

1. Custo de Aquisição do Cliente (CAC): o quanto de recursos você gasta para cada cliente? Quanta publicidade, anúncio, horas trabalhadas e bônus são necessários para cada conta que entra na empresa?

2. Monthly Recurring Revenue (MRR): renda recorrente mensal, ou seja, o quanto do seu faturamento é recorrência? Quantos são os clientes fiéis que aderiram ao produto e serviço e estão sempre fazendo novas compras? Quanto isso representa no mês e quem são os clientes com maior recorrência? Qual é o tempo entre uma compra e outra?

3. Anual Recurring Revenue (ARR): o mesmo do item anterior, mas no escopo de um ano.

4. Lifetime Value (LTV): quanto o cliente vale enquanto está comprando de você? Quanto vale cada cliente, a média de gasto que ele tem com o seu produto? Qual é o ticket de cada um, quem são os clientes de mais valor e o que eles têm em comum?

Fazer essas contas pode abrir os olhos de um gestor comercial e mudar as estratégias completamente. A dica de ouro que dou aqui é que o LTV deve ser pelo menos 3 vezes maior que o CAC e o CAC deve retornar em, no máximo, 12 meses. Assim você gera uma operação saudável e que estará em franco crescimento.

Gestão de times: vale a pena investir em um gestor de vendas se a empresa tiver essa possibilidade. O perfil dos times de vendas mudou significativamente nos últimos anos, saindo de vendas em campo (*field sales*) para times internos estruturados e mais eficientes (*inside sales*). Isso permitiu que o vendedor se tornasse mais técnico e mais eficiente. Ele vai além de apenas fechar uma meta. Ele compreende outras etapas e reflete se está vendendo bem, para o cliente certo, se aquela venda contribui para a saúde do negócio, entre outras.

IMPORTANTE!

Para ser escalável, o LTV deve ser ao menos 3x maior que o CAC!

O CAC deve retornar em, no máximo, 12 meses.

CUSTO DE AQUISIÇÃO VS. RETORNO AO LONGO DO TEMPO

BREAKEVEN POINT

1X CAC — LTV 3X

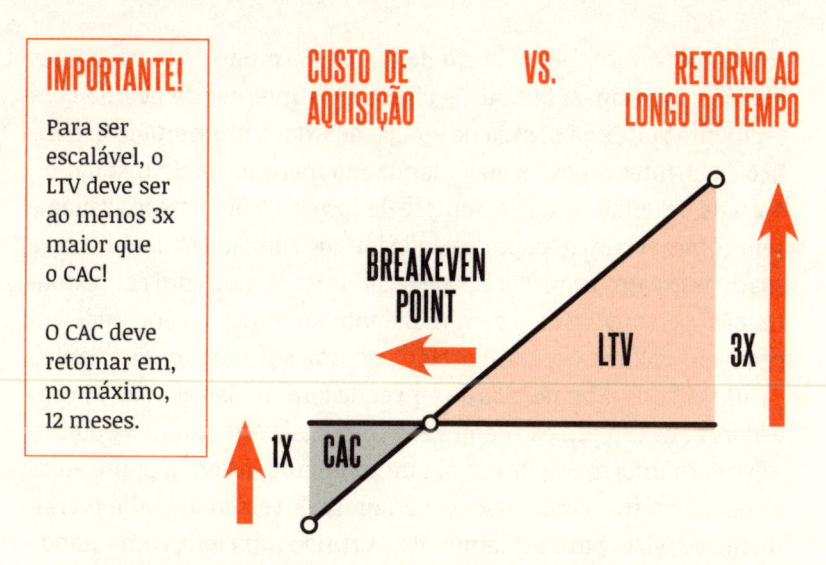

Segundo um artigo de Harvard, a redução no custo da operação de venda pode ser na casa dos 40% a 90%, quando comparamos uma operação de *inside sales* com vendedores de campo (*field sales*)[5]. Esse time precisa ser acompanhado com rotinas de feedback e apoio por parte do gestor. Na XTECH COMMERCE, criamos rotinas como reuniões diárias, reunião geral, coachings pessoais entre o gestor e cada funcionário toda semana, reuniões de performance e revisão de performance em grupo. Você vai conseguir saber qual é a periodicidade necessária para o seu time, mas é impreterível uma conversa 1:1 (cara a cara) entre o gestor e cada funcionário toda semana. Se o time é grande demais, então ele precisa ser dividido com mais de um gestor. A falta de acompanhamento impede o crescimento com efetividade. Não adianta crescer e perder a cultura da empresa, começar a ter vendas não qualificadas só para bater meta e depois precisar trabalhar em retenção.

Rotina *versus* automação: ao implantar uma área de *inside sales*, será necessário estudar o que funciona melhor para o seu negócio. Para nós, a automação não serviria de muita coisa: disparar um monte de anúncios e e-mails marketing para quem não conhecíamos se provava gastar muito recurso e energia para fechar pou-

---

[5] ZOLTNERS, A. A.; SINHA, PK; LORIMER, S. E. **The growing power of inside sales.** Harvard Business Review, 2013. Disponível em: <https://hbr.org/2013/07/growing-power-of-inside-sa>. Acesso em: 23 abr. 2019.

cos clientes, tornando o custo de aquisição muito alto. Decidimos então criar rotinas, buscar os clientes na internet de acordo com segmentação. Cada pessoa da equipe abordava um número específico de clientes todos os dias mandando mensagens no Instagram, e-mails, fazendo ligações, sempre de forma muito personalizada e sem começar com o "papo de vendedor" logo de cara. *Cold mail* não é spam, isso é um mito. Você pode fazer um *cold mail* com contextualização, personalizado e com remetente identificado, enviando em pequenos volumes e assim abrir a comunicação com o seu cliente.

Considere os benefícios de ter vendedores invisíveis. São os vendedores que cercam os clientes em potencial, alimentam o público-alvo com informação e, em algum momento, fazem a ponte entre o cliente e o marketing daquela empresa. A versão digital é literalmente ser visto para ser lembrado, curtindo uma foto, comentando nos conteúdos do seu cliente, mantendo-se presente para plantar oportunidades. Para isso, vale tudo em nome de "criar as coincidências" que vão fazer aquele cliente se lembrar de você. Nós, por exemplo, fechamos parcerias com pessoas de conteúdo para e-commerce, contadores, profissionais-chave para aquele público (a pequena e a média empresa) que nos dedicamos a conhecer. Além disso, comecei a palestrar e percebi que gerava muito *lead* para a empresa.

Decidi, então, transformar palestrantes em merchandising nosso, encontrando parceiros que dão palestras que chegam ao meu cliente, que fossem pessoas da área de e-commerce, contadores para PMES. Hoje temos mais de 50 palestrantes como canal de venda para gerar *leads*. Isso foi uma rotina criada. Vimos qual era o ROI (Retorno sobre Investimento) de cada um, o CAC e pagamos um *fee* mensal para que eles funcionassem como uma loja física da nossa plataforma on-line. Como resultado, muitas vezes, eles geram mais *lead* que uma opinião ou um banner dentro de um blog com 1 milhão de visitas mensais. São como embaixadores da XTECH COMMERCE. Eu não quero pôr a minha marca com eles, só quero aproveitar esse ponto de atenção que eles têm com o cliente.

Uma boa área de *inside sales* gera *leads* para o vendedor conseguir trabalhar os clientes, e isso traz benefícios diretos: redução do custo da operação; redução do Custo de Aquisição do Cliente (CAC); padronização e otimização do funil de vendas; processo focado no *prospect*; aumento no número de oportunidades geradas (mais fácil escalar); metrificação (baseado em indicadores); aumento da produtividade da equipe e, o maior de todos, previsibilidade.

SPIN SELLING

Spin selling é uma metodologia de vendas criada nos anos 1980 por Neil Rackham e que continua atual. Ele percebeu que a maioria das empresas usava a mesma técnica para vendas simples e complexas. Para isso, é preciso saber fazer as perguntas certas com o intuito de compreender o problema, as dores e as necessidades do cliente e entender o valor de sua solução. *Spin* define 4 tipos de perguntas: Situação, Problema, Implicação, Necessidade. É por isso que vale a pena conversar muito com o cliente, estruturar o seu funil e sempre acompanhar o sucesso dele, inclusive depois da compra. Eu considero o *spin selling* uma grande estratégia de fechamento de compra. Funciona assim:

S – SITUAÇÃO: entender a situação na qual o *lead* se encontra.

P – PROBLEMA: investiga os problemas, as dificuldades e as insatisfações atuais.

I – IMPLICAÇÃO: levanta uma ou mais implicações para cada um dos problemas identificados.

N – NECESSIDADE: levanta, por parte do *lead*, o que seria interessante na solução do problema.

Para vender uma plataforma de e-commerce, que é o case que conheço melhor para explicar para você, o *spin* teria as seguintes perguntas:

S – SITUAÇÃO: qual é o porte desse negócio? Já tem e-commerce? Qual é o decisor?

P – PROBLEMA: a empresa está preparada para o mundo *omnichannel*? Atende de forma integrada em todos os pontos de contato, on e off-line?

I – IMPLICAÇÃO: você percebeu que as marcas que mais crescem em seu mercado são as que estão presentes onde o cliente está, independentemente do canal?

N – NECESSIDADE: não seria bom para sua marca entrar em um mercado de 90 milhões de e-consumidores e ainda oferecer uma experiência multicanal aos clientes?

EXEMPLOS DE PONTOS DE CONTATO EM UM FLUXO DE PROSPECÇÃO

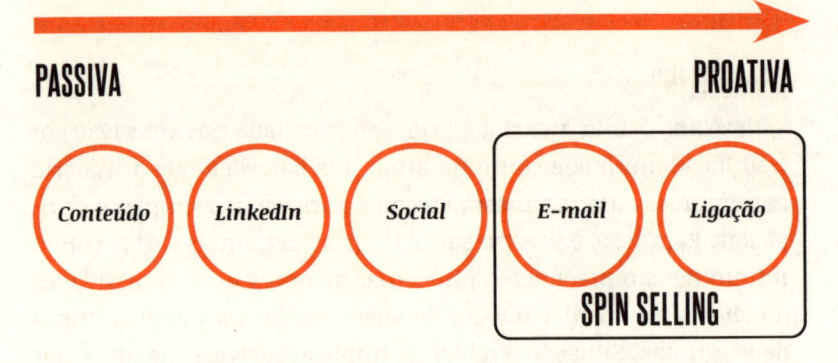

PASSIVA → **PROATIVA**

- Conteúdo
- LinkedIn
- Social
- E-mail
- Ligação

SPIN SELLING (E-mail + Ligação)

Fazendo as perguntas certas é necessário manter o contato sólido com o *lead*. A imagem acima, mostra como, numa estratégia de prospecção, você pode aplicar o Spin. Os melhores negócios são aqueles que você resgata no *follow-up*, por isso é preciso ter uma rotina sistematizada, e dessa vez, sim, automatizada, para poder fazer *follow* e acompanhamento. Quanto antes o *lead* for contatado, melhor. Segundo estudo de melhores práticas para gestão de *leads* publicado pela InsideSales.com/Business Harvard Review, depois de cinco minutos, a chance de contato efetivo com o *lead* cai 10 vezes, você perde a atenção dele e é muito difícil recuperar isso depois. Mais do que isso: 55% das empresas leva até cinco dias para responder a um *lead*, tornando o *follow-up* cada vez mais difícil[6].

Quando o ticket é mais alto, a venda demora ainda mais. Na prospecção da VTEX, por exemplo, uma venda chega a demorar de seis a doze meses. No alto ticket, você vai precisar investir muita energia na criação e nutrição de relacionamento, em vez

---

6 OLDROYD, James PHD; ELKINGTON, Dave. **Best practices for lead response management.** InsideSales.com/Business Harvard Review. Disponível em: <http://www7.insidesales.com/file.aspx/infographic_LeadResponseMgmt_4_.pdf?bb=01020000012D23B4-9&f=3981-63736-614A6A5BCF14&3981_rm_id=168.20648206.7&mkt_tok=eyJpIjoiTnpkbU5UQm1ZVE5pTUdZeiIsInQiOiJNRktzZzFTMWkwenpHR1g3dmJEck4zMnlmNmg1dFlEWVhJZndudFlvSDcxQmRmbkNqTk5YeXlKWTBWUGVrQTU1eHFRd3FFOUlNVS2hhQ-25CNE4IWkdKdz09In0%3D>. Acesso em: 24 abr 2019.

48% dos vendedores não fazem follow-up

25% dos vendedores fazem apenas 2 follow-ups

12% dos vendedores fazem 3 follow-ups

Apenas **10%** dos vendedores faz mais de 3 follow-ups

2% das vendas são feitas no primeiro contato

3% das vendas são feitas no segundo contato

5% das vendas são feitas no terceiro contato

10% das vendas são feitas no quarto contato

80% das vendas são feitas entre o quinto e o décimo segundo contato

FONTE
INSTITUTO SUPRA. *Estatísticas para vender mais.* Disponível em: <https://institutosupra.com.br/taticas-de-venda/estatisticas-para-vender-mais/>. Acesso em: 07 mai. 2019.
BUILDER MARKETING EXPERTS. *Leads, leads, leads! Best practices infographic.* Disponível em: <https://thebdx.com/blog/leads-leads-leads-best-practices-infographic/>. Acesso em: 07 mai. 2019.

de ter aquela abordagem de venda e insistência buscando marcar uma reunião. Se você identificou em um *lead* de ticket alto o seu cliente ideal, significa que dele podem vir muitas outras indicações, ou seja, é preciso criar momentos de convivência e não apenas de venda. Curtir o que esse cliente publica no LinkedIn, comentar fotos, estar sempre perto do escritório dele, passar por lá algumas vezes por mês e convidá-lo para almoçar. Nutra um relacionamento para que o cliente veja você como um profissional, um parceiro, e não somente como um vendedor interessado em explorar algum recurso que ele tem. Assim que esse cliente enxergá-lo como parceiro, ele irá indicá-lo a outros "clones" dele, a empresas do mesmo porte, a empreendedores que estão à procura da mesma solução.

Concluindo:

Seu cliente é a sua melhor mídia, e criando uma máquina de vendas que envolva time, marketing e produto, você consegue estar sempre um passo à frente para atender ao que ele precisa.

Agora que você já sabe o que analisar, lembre-se de fazer seu planejamento de um jeito SMART:

- Qual sua meta de faturamento/crescimento? _____
- Em quanto tempo quer alcançá-la? _____
- Quantas vendas precisa fazer para alcançá-la? _____
- Quantos leads deve atrair? _____
- Quanto precisa investir em marketing para isso? _____

Com essas respostas, agora é só aprovar o orçamento, colocar a estratégia para rodar e acompanhar os resultados do seu planejamento.

#BORAVENDER

Não espere oportunidades, crie coincidências.

@alfredosoares @boravender

NOVE GATILHOS PARA CONSTRUIR OFERTAS

E, para criar uma máquina de vendas e construir ofertas poderosas, existem 9 gatilhos que podem ajudá-lo:

1. RECIPROCIDADE

Pessoas tendem a tratar os outros da mesma maneira que são tratadas. Se você é tratado com respeito e cordialidade, devolverá o tratamento da mesma maneira.

2. ESCASSEZ

Quanto mais rara determinada coisa é, mais apelo ela tem. Somos mais propensos a adquirir coisas se pensarmos que elas são únicas, exclusivas, e difíceis de obter.

3. AUTORIDADE

Somos influenciados mais facilmente se estivermos sendo direcionados por uma autoridade no assunto.

4. COMPROMETIMENTO E CONSISTÊNCIA

Quanto maior for o comprometimento do cliente com o que você oferece, mais chances de ele ser influenciado.

5. MEDO

O sentimento de medo é um dos gatilhos mais poderosos para influenciar pessoas e, por isso, ele é amplamente utilizado em campanhas de conscientização.

6. PROVA SOCIAL

Provas sociais são ferramentas importantes para validar o seu produto ou serviço. Elas podem englobar depoimentos, frases e notas daquilo que você está oferecendo.

7. AFINIDADE

Nossa afinidade com pessoas é decisiva no momento em que somos influenciados para uma ação. Quanto mais afinidade existir, maior a chance de influência.

8. EMOÇÃO

É preciso que você entregue uma mensagem que desperte emoções.

9. POLÊMICA

Informações polêmicas em geral atraem mais clientes. Além de despertar emoções, é preciso impactar com o que você está informando.

#BORAFAZER

Escreva os top 5 insights que você teve durante a leitura desse capítulo e faça o seu plano de ação

1.
2.
3.
4.
5.

PLANO DE AÇÃO

O QUÊ?

_____
_____
_____
_____
_____
_____
_____
_____
_____

POR QUÊ?

_____
_____
_____
_____
_____
_____
_____
_____
_____

COMO?

QUANDO?

9.
MUITO RISCO, POUCO EGO
@tioricco

A frase que dá título ao capítulo não é minha, é de um perfil genial de humor do Instagram, o Tio Ricco. Mas ela é tão verdadeira que precisa ser eternizada neste livro. Para a Psicologia, o ego é o "eu" que você constrói com base nas vivências desde que nasceu. O ego serve para muita coisa, menos para fazer negócio. Apesar de ser o seu julgamento interno, é o que você reconhece por personalidade e por características pessoais que foi criando desde que nasceu. No entanto, o ego não é a sua essência e, se não tomar cuidado, o ego afunda tudo. O maior risco para um empreendedor – maior até do que a economia flutuante e que o concorrente – é se deixar levar pelo próprio ego. Eu repito quase como um mantra: "Muito risco, pouco ego", porque o ego sempre vai querer colocá-lo em uma situação confortável. O ego tenta deixá-lo com uma bela imagem de sucesso, mesmo que você não tenha nada e esteja paralisado pelo medo de começar.

Durante o crescimento da XTECH COMMERCE, eu percebi que aquele sonho era tão grande que não teria espaço para ego. Nem espaço para "Mas eu, Alfredo Soares, jamais vou me prestar a isso", porque para que aquela empresa acontecesse eu precisaria me prestar a tudo. Passar noites sem dormir, pedir ajuda, negociar com o cliente, ouvir sempre sorrindo críticas sem rodeios à empresa e a mim, sempre tentando virar o rumo da conversa para aquilo que eu precisava. Já ouvi opiniões e "previsões" horríveis sobre o meu negócio, já ouvi diversas vezes que era maluco. Se eu perdesse tempo discutindo até a pessoa concordar com o que eu acreditava, nada aconteceria. O que importava era do que a XTECH COMMERCE precisava.

O ego às vezes nos engana, fazendo-nos acreditar que "merecemos" certas coisas, que não podemos abrir mão de conforto, que não dá para viver sem comodidade quando, na verdade, é possível perfeitamente abdicar de algumas coisas por um tempo em nome do seu projeto. Para começar, se você tem este livro nas mãos, já é um privilegiado, faz parte de uma parcela muito pequena da população que tem tempo, dinheiro e educação formal o suficiente para poder aproveitar um livro. Qualquer que seja o sacrifício que precise fazer não se compara ao de milhões de brasileiros que acordam de madrugada todos os dias para trabalhar e mesmo assim ainda não têm comida na mesa todos os dias. Então, pare de se enganar quando precisar falar não para uma festa, para um gasto, para uma viagem, porque isso é armadilha do seu ego. Você não é um coitado, não está "escravizado pelo negócio" (percebe o absurdo dessa frase?) e não vai morrer porque agora dorme menos e faz menos festa enquanto constrói uma empresa. Acostume-se com as renúncias, porque elas são necessárias.

Abri mão de muito conforto que já havia conquistado com as agências que tive. Ia muito de ônibus a São Paulo, fazia mais de 150 viagens por ano no começo, passando a noite no ônibus e voltando no mesmo dia, para não ter que pagar hotel. Já dormi em muitos lugares de rodoviária e casa de parente, já peguei muito metrô para o outro lado da cidade mesmo sabendo que só tinha aquele dia ali. Nessa época, o dinheiro era pouco e isso me fez perceber o valor dele. Mesmo hoje, como executivo de uma empresa bilionária como a VTEX, ainda sei o valor de cada real. Para receber cada dinheiro que ganha, você dedicou muito tempo e energia e precisou de bastante gente. Cada coisa que você consome precisou de muito esforço para estar ali, precisou de foco, de pessoas, de trabalho. Depois que você se despede do ego, que só quer ficar no luxo e no desfrute, começa a entender que a vida é um trabalho de formiguinha e que esbanjar nunca vai valer a pena e ainda pode custar seu sonho.

O esporte – no meu caso, polo aquático – foi fundamental para desenvolver essa disciplina dentro de mim. Os anos de adolescente no esporte me ensinaram a buscar o meu melhor – não a ambição vaidosa de ser o melhor do time, de ser o artilheiro, de atrair os

Você não precisa ser o artilheiro, não precisa nem ser o titular para fazer a diferença

holofotes. Aprendi a observar as panelinhas e a fazer com que, na hora H, todos jogassem pelo time. Aprendi que ser o líder e ser a estrela são coisas muito diferentes: você não precisa ser o artilheiro, não precisa nem ser o titular para fazer a diferença. O que importa não é ser o melhor, e sim dar o seu melhor.

Sem deixar o ego atrapalhar, você conquista o comprometimento de entregar aquilo que é melhor para seu time em busca de um objetivo compartilhado. Você tem que saber ouvir seu técnico, precisa treinar bem e bastante, persistir, identificar e corrigir seus erros. Precisa respeitar a rotina, por mais chata que às vezes ela pareça.

Mentalmente aprendi a não ganhar sempre, a lidar com situações que não eram da forma como eu queria, a ter a cabeça focada em um objetivo, a lidar com a pressão da competitividade. O esporte me ensinou a ser um servidor, porque é isto que um bom líder faz: serve a um propósito maior, não dispara ordens e mantém sempre uma boa imagem.

Seja autêntico, esqueça seu ego. Ego é ficar calculando o que os outros querem, o que os outros pensam, e dessa maneira você esquece de si mesmo, da essência que o motiva a continuar trabalhando, você perde o pique de executar porque está sempre muito preocupado com o que os outros vão pensar.

MUDAR O QUE ESTÁ FUNCIONANDO EXIGE CORAGEM

Essa frase incrível de Mariano Gomide traz uma verdade: mudar aquilo que está funcionando exige muita coragem e competência para fazer algo ainda melhor. E é isso que os verdadeiros profissionais de sucesso fazem. Mudam aquilo que dá certo para dar ainda mais certo. Assim como um atleta que treina para bater seu próprio recorde. Ter sucesso é continuar tomando riscos (mesmo em uma zona de conforto) e deixando o ego de lado para seguir aprendendo.

Negociar com a VTEX foi, de longe, o maior risco que assumi até agora. Lembro nitidamente quando consegui falar com o Mariano no VTEX Day, em São Paulo. Um ano depois, quando a VTEX anunciou a aquisição da LOJA INTEGRADA, nossa principal concorrente, parecia que o nosso sonho estava indo por água abaixo. Eu não parava de imaginar a força que nosso concorrente teria dali para a frente com toda a estrutura da VTEX por trás. Por outro lado, depois de tudo, posso falar que, se não tivesse sido assim, talvez não teríamos ficado tão competitivos e agressivos. A maior lição dessa parte da jornada é a frase do lutador Lyoto Machida, quando diz que a técnica vence a força, mas o espírito vence a técnica. Nós éramos uma empresa com muita energia e um espírito muito forte.

Depois disso, resolvemos ser agressivos e flertar com eles, definimos a LOJA INTEGRADA como nossa principal concorrente, compramos uma briga assumida e partimos para cima deles, nos posicionando entre a LOJA INTEGRADA e os menores clientes da VTEX, e ficamos como carrapatos no radar deles. Nos eventos nos posicionávamos no estande ao lado do deles, colocávamos anúncios nas mesmas mídias. Era declarado: meu sonho era crescer para me tornar seu concorrente. Além disso, dessa forma íamos ganhando audiência, porque era muito evidente o que estávamos fazendo.

Um certo dia, a agência Compre Clicks, do meu amigo Leandro Gorzoni, que era nossa parceira e também da VTEX, fez a seguinte campanha: "Crie sua loja VTEX por 15 dias grátis". Nessa época, a loja mais barata na VTEX custava 80 mil. O que a agência deveria ter escrito era XTECH COMMERCE. Ou seja, todo o nosso plano de causar confusão com o nome dava certo até demais. Nesse período, já tínhamos construído uma imagem no mercado e não éramos mais aventureiros, mas a ovelha negra e ao mesmo tempo a promessa do mercado. Foi quando o Mariano me enviou um e-mail me parabenizando pelo que eu havia feito até ali, dizendo que estava ouvindo falar de nós e que estava na hora de conversarmos de novo. No final, ainda me pediu para tratar com a agência sobre o erro no anúncio com o nome da VTEX e tirar aquilo do ar!

Marcamos, então, um jantar em uma pizzaria em São Paulo. Nessa época, o Mariano já estava para se mudar do Brasil para a expansão da VTEX. Ele sempre foi a figura mais forte do e-commerce nacional, e nesse dia que fiquei sabendo que estava saindo, também enxerguei a possibilidade de aumentar meu trabalho para ganhar espaço no ecossistema daqui e representar o mercado de e-commerce.

Ele abriu o sistema na minha frente, criou uma loja, elogiou o design, o logotipo, a identidade visual. Uma curiosidade é que, até o momento da venda da empresa, era eu que fazia o design de todos materiais da XTECH COMMERCE, então aquele elogio me deixou muito feliz. Nunca consegui delegar essa tarefa a agências ou designers. Ele adorou tudo, perguntou sobre os números da empresa, quais eram meus planos e se eu pensava em vender o negócio. Eu respondi que tinha algumas conversas – na época eu falava sempre com o João Kepler, para uma possível entrada do fundo dele, e com outra empresa do mercado de e-commerce que nos acompanhava.

Ao fim do jantar, Mariano me deu uma carona e falou duas frases que me marcaram. A primeira era: "Essa briga de vocês com a LOJA INTEGRADA precisa acabar para a gente conseguir fazer o negócio e potencializar as coisas". Então, perguntou a minha idade. Quando respondi 28, ele disse: "Legal. As pessoas se juntam à VTEX sempre aos 30 anos. Boa idade" e ficamos de nos falar.

No jantar, ele havia me falado sobre informações do mercado e dado dicas. Assim que dividi as informações com meus sócios, partimos para agir sobre tudo que ele falou. Aquela frase de resolver a situação com a LOJA INTEGRADA me fez ir até o Adriano Caetano, fundador da LOJA INTEGRADA, durante um VTEX Day, e falar com ele para que tivéssemos uma relação mais política, porque a nossa concorrência já tinha passado de todos os limites, parecia a rivalidade entre Brasil e Argentina.

Mais um ano se passou, porque esse tipo de negociação é um processo que não dá espaço para ansiedade, você precisa se construir para o momento. Adriano e eu marcamos de almoçar e foi quando voltamos a tratar da possível aquisição da XTECH COMMERCE pela VTEX. Na época a LOJA INTEGRADA passava por alguns desafios em termos de produto. Depois desse almoço, levamos dez meses de negociações até finalmente fechar o negócio. Lembro que estava para entrar em uma palestra em Recife e o Adriano me ligou dizendo: "O Board aprovou o valor que combinamos". Ele, então, pegou um avião para São Paulo, e eu também, e tomamos um café na padaria. Mesmo assim, depois desse café foram mais de dez meses entre advogados e ajustes. Amadurecimento e resiliência até o último momento. Quase desisti no final, foram tantos detalhes tratados que, por fim, assinamos mais de 1.500 folhas. Tirei até foto porque era inacreditável.

Durante esse processo de negociação eu tive um crescimento imenso como pessoa e como profissional, tudo foi puro aprendizado. Tive que realmente olhar para a empresa, para dentro, e rever o financeiro, os processos, o time, o administrativo. Minha trajetória era de empreendedor *hustler*, dedicado, sempre à frente, vendendo, puxando, abrindo o negócio. Eu não tinha o hábito de analisar o negócio detalhadamente. Eu não olhava muito a administração. Na época, eu tinha a Joyce Correa que, até 2017, era meu braço direito na parte administrativa, e ela permitia que eu me dedicasse ao outro lado "mão na massa". O meu sócio Jordão também. Eu nem olhava coisas de banco – inclusive, não recomendo porque é tudo tão complexo que o afasta da execução; e se você faz produto, vendas, não pode parar.

Hoje agradeço por ter passado por esse momento e acho que foi o que eu precisava para amadurecer como fundador de uma empresa. Comecei a enxergar tudo de outra forma. Consegui ter noção das coisas para ter mais *insights* em cima dos problemas com os quais convivo. Aprendi demais com os advogados. Eles conseguiam controlar a minha ansiedade, conseguiam trabalhar muito bem o meu lado pessoal, emocional e comercial durante o acordo. Percebi que o risco imenso da negociação, que ia se estendendo daquele jeito tão extenuante, me trouxe a um *next level* como pessoa e como empreendedor também. Passei a ver as coisas com mais clareza.

RISCO É A PORTA PARA ALGO MAIOR

Enquanto muita gente vê a venda para a VTEX como um ponto final nessa jornada, na verdade, ela foi mais uma estratégia para fazer parte de algo maior. Passar por um M&A[7] é alguma coisa que ensina muito. São lições que não se aprendem em cursos ou faculdade, porque existem fatores de inteligência emocional o tempo

---

7   Merges and acquisitions *(fusões e aquisições, em português). (N. E.)*

Tudo é inteligência emocional

todo. Na verdade, tudo é inteligência emocional. É por isso que você precisa sempre ficar ligado no seu ego, para ter consciência de quem está no comando. Na época que estávamos negociando com a VTEX, tínhamos a opção de seguir por outros caminhos. Por questões contratuais, não posso comentar quem eram, mas as propostas na mesa eram de investimento de um fundo e aquisição de um meio de pagamento. Porém, a VTEX tinha a vantagem de ser a empresa que culturalmente chamava a nossa atenção. Pode acreditar, dinheiro não é tudo, principalmente para quem construiu um negócio do zero.

Na época eu conversei com Amure Pinho, que já tinha feito uma venda de startup para a B2W, e com Rodrigo Cartacho, fundador da Sympla que já havia passado por momentos parecidos e tinha acabado de fazer um M&A com a Movile. Também busquei muita orientação com o Tallis Gomes, que teve experiência com a venda da Easy Taxi. Minha dica em situações como essa é não ficar achando que você sabe tudo, ou que vai parecer fraco por pedir ajuda. Sempre busque opiniões e assessoria de quem já chegou ou passou por onde você quer chegar ou pela situação que está passando no momento. Aprenda a baixar a guarda para ouvir opiniões qualificadas, porque elas vão levá-lo ao próximo nível. Opinião de quem só tem perspectiva e nunca passou por aquilo é muito diferente. Hoje, na era da educação on-line, é comum encontrarmos pessoas que vendem cursos que nem elas mesmas fizeram.

A lição que aprendi nessas conversas é que o ponto crítico de vender uma startup é que se trata de uma janela de tempo muito limitada, de um momento bom para ambos e de um alinhamento de interesses entre as empresas. É uma oportunidade de pegar ou largar, e você não pode perder o timing.

Foi o que aconteceu com a XTECH COMMERCE e a VTEX. Depois de um jantar para fazermos esse alinhamento de interesses e visões de ambas as empresas, antes de entrarmos na questão de *valuation*, falamos muito de como seria o primeiro dia após a venda, o que faríamos, como comunicaríamos na imprensa, como seria meu papel e dos outros sócios na VTEX etc. Após realmente colocar isso no papel e fazer um plano de ação, tratamos da ques-

Um bom negócio é sempre ganha-ganha

tão de negociação. Um ponto interessante é que a negociação durou dez meses, entre um almoço, um jantar, duas visitas à XTECH COMMERCE, quatro visitas à VTEX, dezenas de reuniões on-line e um café da manhã na padaria em São Paulo no dia em que chegamos em um acordo de valores e o encontro no dia da troca de contratos. A partir dali entraram os advogados.

Eu não fazia ideia que seria aí a parte mais demorada e que ainda precisaria ter muita paciência até ver todo negócio sair do papel. Foram mais de dez meses e vários momentos difíceis em que parecia que a negociação podia parar. Por isso, assim como em uma negociação de produto e serviço, é importante entender os limites que estamos dispostos a chegar para não perder um negócio por ego ou síndrome do vendedor que sempre quer sair ganhando e não pode ser contrariado. Um bom negócio é sempre ganha-ganha. Você não "sai por cima", mas oferece algo bom para receber algo bom, ou algo excelente para receber algo excelente. Foram muitos momentos de dificuldade para alinhar algumas questões, de comunicação difícil e de prazos estipulados que eram perdidos, gerando grande ansiedade. Nesses momentos era muito fácil aceitar uma negociação pior por conta de desequilíbrio emocional. Por isso, a importância de ter estabilidade, clareza e uma boa equipe de advogados e mentores.

Um M&A toma muito tempo, tem auditoria, análise de dados, e essas negociações tiram o empreendedor do seu foco. Em uma transação como essa, 90% das chances são de não dar certo mesmo com interesse de ambas as partes, pois realmente existem muitos detalhes envolvidos. Na reta final, quase na última semana, com a data da assinatura e o grande dia do cheque se aproximando, ainda apareceram alguns pontos que quase fizeram o negócio travar. Mas, como já havíamos colocado muita energia em jogo, chegamos a um acordo.

No grande dia, mais do que nunca, precisei usar meu lado empreendedor. Eram mais de 1.500 folhas que seriam assinadas e já havíamos desmarcado duas vezes a data da troca de contratos e pagamento. O Mariano estava no Brasil e precisávamos fazer isso juntos, tínhamos um dia antes do grande evento de final de ano para todo ecossistema da VTEX em que anunciaríamos oficialmente ao mercado e à imprensa o *deal*. Como contei no capítulo 1, no último dia, após desmarcar duas vezes, os advogados fizeram alguns ajustes nos termos e foi necessário que assinássemos alguns papéis de novo. Por isso, não daria tempo de estar no lugar combinado – em Campinas, interior de São Paulo – a tempo de trocar os documentos e fazer a tão esperada transferência, que, de acordo com os advogados, deveria seguir o protocolo de ser no mesmo dia da troca dos papéis. Os advogados já estavam querendo jogar para a manhã do dia seguinte. Então, nesse momento, meu lado empreendedor falou: "Imprimam os papéis, peguem as assinaturas, eu vou arrumar um helicóptero para nos levar e conseguir autorização para pousar no hotel que o Mariano está em Campinas. Vamos chegar a tempo e assinar". Eu já tinha esperado dez meses de um negócio que era muito sensível ao tempo, que poderia desabar por pequenos detalhes.

Liguei para a Nubia Mota que estava organizando o evento e expliquei a situação. Ela conseguiu a autorização do hotel e um amigo meu providenciou um helicóptero para eu alugar naquela mesma hora. Em trinta minutos decolamos de São Paulo e depois de vinte e cinco minutos estávamos em Campinas assinando os papéis.

Não se pode desistir até o último minuto, a lição é essa, é preciso estar preparado para empreender sempre que necessário em qualquer aspecto e situação. Um bom empreendedor é uma pessoa que resolve problemas. Quando o advogado falou para eu atualizar a conta do banco no celular e ver se havia acontecido o negócio para a troca de documentos, passou um filme da minha vida, vendendo cartões de visita da gráfica no centro do Rio, e naquele momento estava prestes a pegar um helicóptero para voltar para São Paulo após vender uma empresa que eu fundei em uma sala de 30 metros quadrados na Tijuca, criando o logo e a identidade do meu laptop de dentro do meu quarto – e tudo isso nos últimos três anos.

O mais incrível é que aquele momento era especial, pois quando adolescente eu havia colocado a meta de ter 1 milhão de reais com 30 anos; queria ser independente financeiramente. Eu trabalhava tanto para isso e tinha vivido todo tipo de dificuldade, gastei muito e estava longe do meu objetivo. Nos últimos três anos, quando esqueci dessa meta financeira e foquei na meta de ser um profissional reconhecido, a vida me entregou essa conquista com a qual eu sonhava desde muito jovem. Eu fechei o negócio uma semana antes de completar 30 anos e saí na *Forbes* em 2018, quando já havia completado 31. Na entrevista, comentamos que eu havia "batido na trave", mas foi a realização de um sonho. São as coincidências da vida que parecem acaso, mas que muitas vezes não percebemos o quanto fomos facilitadores e plantamos determinado acaso.

Voltei para São Paulo, pois tinha reunião no dia seguinte. Então, em vez de jantar ou ir a uma festa comemorar como a maioria pensou – e até me convidou –, fui à casa do Tallis Gomes para conversar. Não passei fome – estava acontecendo um churrasco lá. Depois dormi no sofá, ainda com o filme na minha cabeça. Naquele dia, liguei para a minha mãe, para o meu pai, para a minha tia, para o meu melhor amigo Nicolas e, em seguida, para o meu coach financeiro, Roberto Navarro, que havia me preparado nos últimos cinco anos com o *mindset* certo para entender que a riqueza e o sucesso não se tratam de dinheiro, e sim de liberdade. Ganhar dinheiro não se trata só de produzir e ganhar, mas de gastar de forma inteligente. Nessa ordem.

Realmente aprendi muito durante todo o processo. Passei a me sentir um cara mais preparado em vários aspectos. O conhecimento que adquiri em diversas áreas, depois de ter negociado tantos detalhes e cláusulas de gatilhos, me deixou em outro patamar para ter ideias de negócios e acordos. Existem, sim, muitas coisas que faria diferente, mas não vale gastar energia olhando para o passado que não tenho como mudar, e sim pegar tudo que aprendi e aplicar no futuro. Sou grato e reconheço o valor intangível que existe em passar por uma operação como essa financeira e intelectualmente. E por não ter deixado meu ego me atrapalhar, por ter priorizado o risco.

É importante você não se abater, ser um trator, porque tudo o que você vive agora é uma soma dessas experiências e conexões. Então, nessa jogada não cabe o medo de errar.

#BORAVENDER

Quer ter o que ninguém tem, então faça o que ninguém faz.

@felipetitto
@alfredosoares @boravender

#BORAFAZER

Escreva os top 5 insights que você teve durante a leitura desse capítulo e faça o seu plano de ação

1. _____
   _____
   _____
   _____

2. _____
   _____
   _____
   _____

3. _____
   _____
   _____
   _____

4. _____
   _____
   _____
   _____

5. _____
   _____
   _____
   _____

PLANO DE AÇÃO

O QUÊ?

POR QUÊ?

COMO?

QUANDO?

10. EMPREENDER NÃO É PROFISSÃO, É UM ESTADO DE ESPÍRITO

SUCESSO É UM PATAMAR NO QUAL VOCÊ PRECISA SE MANTER

A conclusão a que chego toda vez que tenho uma conversa longa sobre empreendedorismo ou mesmo em uma palestra é que sempre fui mais empreendedor do que empresário – e foi em uma palestra do Fabio Barbosa, ex-presidente do Banco Real, que percebi isso. São duas coisas diferentes. Acredito que ser empreendedor é ser proativo, é buscar ser criativo, resolver problemas, assumir responsabilidade, ter atitude em vez de ficar apenas refletindo, é buscar sempre melhorar as coisas, otimizar. Um empreendedor é alguém que assume a responsabilidade, que tem comprometimento, assume riscos, que busca sempre fazer melhor, é alguém que nunca desiste e, principalmente, alguém que executa sem parar. Já o empresário, na minha visão, é uma pessoa que tem CNPJ. Existem diversos empresários que não são necessariamente empreendedores, não estão criando nada, nem melhorando ou inovando. As pessoas confundem. Para ser empresário é preciso tomar risco, e tomar risco é uma característica empreendedora. No entanto, mesmo com o peso do risco, quantos empresários abrem empresas e querem só sentar e dar ordens? E se não dar certo, é só abrir falência e ficar devendo, e para eles está tudo bem. É só abrir um novo CNPJ, fazer outra empresa e ver se dessa vez dá certo. Da mesma forma, inovação não se trata apenas de novas tecnologias, mas principalmente de novos modelos de negócio, novos processos e novas formas de pensar e fazer algo. A tecnologia é a ferramenta que permite automatizar, escalar ou expandir um raciocínio inovador.

Um empreendedor é alguém que assume a responsabilidade, que tem comprometimento, assume riscos, que busca sempre fazer melhor, é alguém que nunca desiste e, principalmente, é alguém que executa sem parar

Empreender é um estado de espírito, um modo de pensar e operar. Por isso, acredito que é mais que ser dono de um CNPJ, afinal existe muita gente empreendendo dentro da empresa de outras pessoas. Você pode empreender sendo funcionário se tiver esse perfil, ainda mais se gostar que exista outro departamento ou outra pessoa sendo o empresário, lidando com o administrativo. Acredito muito que a cultura empreendedora de inovação, que a resolução de problemas, não se resume a abrir uma empresa, mas sim a saber fazer crescer um negócio. Aliado a isso, o empreender precisa entender que não estará 100% do tempo operando como tal. Por vezes, será preciso agir mais como administrador, em outras, estar vigilante em momentos de baixa criatividade, desafiar-se e não se colocar em um modo passivo.

FOCO VAI SER SEMPRE UM DESAFIO

Foco é a maior arte do empreendedorismo, porque é uma das mais difíceis de desenvolver. É isso que segura a execução. Sem ele você mal consegue tomar uma atitude.

É muito difícil manter o foco, porque imagine que o empreendedor tenha uma startup de meio de pagamento, aí conhece outro que tem uma de big data, então fica encantado e acha que aquilo é o futuro, que deveria pivotar para acompanhar a onda na qual o outro vai surfar. É muito comum sempre achar que o outro é melhor e, numa dessas, você perde de vista seu próprio objetivo.

No e-commerce é ainda mais comum, porque você começa a olhar para o resultado de outras pessoas. Aquele que vende camisa conhece alguém que vende pneu e pensa: "Esse mercado é muito promissor. Preciso vender pneu". Como contei no capítulo 6, isso já aconteceu conosco quando conhecemos o cliente que vendia capinhas de celular.

A tecnologia é a ferramenta que permite automatizar, escalar ou expandir um raciocínio inovador

Naquele momento, eu precisei manter o foco – e agradeço aos meus sócios e mentores por terem sido meu ponto de equilíbrio emocional.

Todo empreendedor que tem na veia essa vontade de caçar oportunidade, independentemente de ser funcionário ou fundador de uma empresa, tem a sensibilidade de ver oportunidade em tudo. Porém, é muito importante manter o foco tanto no produto que a startup vende para não querer lançar mil frentes quanto na essência do negócio, no qual se está investindo energia, tempo e recursos para fazê-lo tracionar.

Empreender não é um percurso em linha reta. Muita coisa vai tomar desvios ou criar atalhos. Muito do que você achava que se desenvolveria rápido acontece devagar e coisas que pareciam impossíveis acontecem, como vender o negócio em apenas três anos.

Entendi também que tudo o que você está vivendo se torna uma bagagem que acelera o seu percurso. Isso significa que o que você conseguiu fazer em cinco anos, depois de passar por altos e baixos, vai conseguir repetir em um ano. Pode ser difícil conseguir o primeiro milhão, mas, depois que você gera, fica mais fácil fazer mais rápido porque você mudou de nível. Vai aumentando o networking, as habilidades, a rede.

A vida é como maré: altos e baixos o tempo todo. Você pode ser mais ou menos rico, ganhar muito dinheiro ou pouco, e isso vai acontecer no seu tempo, de acordo com a bagagem que está construindo e com o seu momento de vida. Boa parte do segredo está em saber surfar na fase boa e ser esperto para lidar com a ruim, além de sempre, sempre ter as melhores pessoas à sua volta para ter com quem trocar, ter os mentores certos. Eu devo quase tudo às pessoas que estavam comigo: sócios, lojistas, mentores.

O SUCESSO É FEITO DE PESSOAS

Ter tanta gente junto comigo fez do vendedor de cartão de visita o sócio de uma empresa que transaciona 1 bilhão de reais em vendas por ano.

Hoje posso falar que sou um cara realizado profissionalmente. Consegui ter sócios que são meus amigos, pessoas incríveis, boas de se relacionar, de conviver. Tenho um time do qual gosto pessoalmente de todos; nunca tivemos nenhum problema, nenhuma história mal contada. Consegui construir uma empresa onde todo mundo gosta de trabalhar, com um ambiente que parece uma casa, uma faculdade, permeada com uma cultura que faz com que todos queiram inovar também. Acho que se parece um pedacinho de cada um que trabalha ali. Então, talvez, isso seja o sucesso.

Uma das coisas mais valiosas que a XTECH COMMERCE me proporcionou e que não tem preço foi ter a chance de conhecer e conviver com pessoas extraordinárias, pessoas que eu tinha como ídolos. Pessoas que tinha como referência e que, graças à XTECH e à nossa história, consegui me conectar, me relacionar e mostrar resultados. Essas pessoas se tornaram amigas, próximas, mentoras. Não existe faculdade no mundo que proporcione isso.

Meus mentores são vários, para várias áreas da vida. Destaco Amure Pinho, Tallis Gomes, Rodrigo Cartacho, Gustavo Caetano e Roberto Navarro, que me ajudaram muito nessa jornada da XTECH COMMERCE. Não posso deixar de citar também quem me ajudou, por vezes apenas com uma palavra, mas que resultou em grandes acontecimentos: Gustavo Mota (We Do Logos), Bruno Nardon (Kanui e Rappi), Diego Gomes (Rock Content), Fred Rocha, João

Kepler (Bossa Nova), Tiago Concer, Guilherme Machado, Thiago Reis e Raphael Lassance. É bom destacar também as pessoas que muitas vezes vinham pedir ajuda e mais me ajudavam do que eu a elas, meus sócios que sempre me apoiaram, meu ex-sogro, Lúcio Mauro, que no começo da Marketing Shop me motivou muito a mudar a minha mentalidade sobre construir algo grande.

Quando eu já havia completado um ano de XTECH COMMERCE, conheci o Amure Pinho, presidente da Associação Brasileira de Startups. Tudo começou na viagem que fiz para Belo Horizonte com a intenção de conhecer o Gustavo Caetano da Sambatech. Na época, eu não tinha muitos contatos da área, não era amigo de quem já movimentava o ecossistema e tinha reconhecimento dele. Tentei, então, um primeiro contato com o Amure Pinho sem muita resposta, até receber uma indicação dele mesmo, que disse ao Gustavo: "Tem um cara muito doido que quer te conhecer e vai ser bom". O Amure conta, e eu me lembro, que tentei me aproximar dele já oferecendo o que eu poderia fazer para contribuir com o que ele fazia. Eu acredito muito no conceito que é usado no Vale do Silício, o "*give first*". Para se aproximar de qualquer pessoa, principalmente de um mentor, tenha respeito pelo valor imenso que aquela pessoa pode lhe oferecer e entregue o que puder também, não fique só procurando o que você pode ser ajudado por aquela pessoa.

O Amure se tornou um ótimo mentor, porque ele cobria diversas áreas que eu não priorizava, ele enxergava coisas que eu deixaria passar. A primeira delas foi a nossa necessidade de capital na XTECH COMMERCE. Ele sabia que eu precisaria de um investidor ou vender a empresa para alguma maior, e foi me conectando com diversas pessoas. Apesar disso, eu repetia o tempo todo que, ao longo dos anos, mesmo com a concorrência, eu já havia conversado com o pessoal da VTEX.

Depois de mais ou menos um ano que conheci o Amure, a VTEX me convidou para um almoço. Foi quando joguei as cartas na mesa sobre o quanto admirava aquela empresa, o sonho que tinha de trabalhar com eles, fazer um negócio juntos. Naquele momento, a conversa ficou mais séria e eu parei o contato com outras pessoas que tinham propostas para mim, porque mais nenhuma tinha tanto a ver com a XTECH COMMERCE quanto a

VTEX. Era o sonho.

Eu conversava com Amure diariamente, e ele analisava cada ponto da negociação: *equities*, ações, caixa, EBITDA. Foi um trabalho de consultor, de mentor, de amigo. Desde a parte interna até ir à festa de fim de ano para entender o DNA da XTECH COMMERCE. Era uma mistura de mentoria e coaching. Ele me ensinou uma coisa preciosa: que a maioria dos empreendedores falha no momento da venda porque não percebe que durante o processo de "namoro" é preciso deixar o lado crítico do comprador satisfeito com as suas respostas, deixar o lado criativo e sonhador expandido, mostrar o potencial que aquilo tem de ser incrível e, principalmente, não perder o timing. A janela de fazer uma negociação boa em tecnologia é muito pequena. No nosso caso, a parte mais crítica foi quando tivemos uma proposta real na mesa, mas queríamos negociar ainda mais.

Quando fala de mim, ele lembra que tinha a impressão de que eu era muito acelerado, doido demais para dar certo. Pensava que eu era um vendedor desfocado, mais agitado do que devia, que falava alto demais. Ele tinha medo de que eu não conseguisse criar um negócio bem-feito e detalhista. Eu precisei de mais de uma reunião com o Amure, de mais entrega de benefício, e daí ele entendeu a minha obstinação. Às vezes, o melhor mentor é aquele que tem um estilo completamente diferente do seu e faz você enxergar tudo aquilo que não enxergaria.

Mesmo o próprio Mariano Gomide, fundador da VTEX, que fez a negociação de compra da XTECH COMMERCE, é um dos maiores mentores que já tive. Inclusive antes mesmo de vender a empresa para ele. Depois que o conheci em um evento e disse que estava criando uma empresa para ele comprar, começamos a nos acompanhar e sair para jantar a cada dois meses. Ele sempre me deu muitos insights e ensinamentos sobre o que fazer, mesmo durante os anos de concorrência com a LOJA INTEGRADA. Eu ficava surpreso com a ajuda. Nas palavras dele: "Lembro muito dos nossos jantares de dois em dois meses, ele competindo com a Loja Integrada, nosso produto de *low end*. A gente jantava e eu dava sempre dicas para ele do que fazer, de como melhorar o negócio. Um dia ele parou e me perguntou: 'Mas por que você está me ajudando?'. Eu respondi: "Ué, você mesmo disse que está construindo essa empresa para vender para mim, eu não estou te ajudando, estou me ajudando'. Foi uma relação muito legal de dois, três anos de acompanhamento um do outro, ele me permitiu ajudar na formação da empresa". O Mariano enxergou desde sempre que, muito mais do que concorrência, o que eu tinha era admiração pela VTEX.

Sabe aquele negócio de mirar na lua? Mesmo durante a negociação ele continuou me mentorando, porque o processo de negociar um M&A pode durar meses, gera ansiedade, tensão, tem muito advogado no meio, porém a sociedade pode durar vinte, trinta anos. Com essa consciência, ele se tornou ainda mais disponível para conversar comigo, sair para jantar, falar sobre o mercado. Tanto que, no dia em que estava tudo pronto, depois de tantos meses de trabalho para alinhar as culturas e as condições de venda, o Mariano pediu para eu pensar no que estava fazendo, sem ansiedade. Pediu que não saísse correndo para assinar e que tirasse alguns dias para refletir, para pensar ao que estava me juntando o quanto fosse necessário até que não restassem dúvidas. Eu precisava de uma decisão convicta. Depois de alguns dias, assinei e a coisa realmente fluiu muito rápido, porque a nossa conversa durante a negociação me tranquilizou.

É importante dizer sobre mentoria que ela é algo bilateral, as duas pessoas precisam criar sinergia para ter a melhor troca. Por isso é muito comum que depois o aprendiz apresente as coisas e ensine os mentores. Não existe um pedestal, porque o mentor ganha muito conhecimento no relacionamento com o mentorado. Na verdade, a minha visão é a de que o aprendiz ou a próxima versão sempre serão melhores. É a evolução natural.

VOCÊ É A MÉDIA DAS PESSOAS COM QUEM CONVIVE

Meus amigos empreendedores e eu temos um grupo de WhatsApp e levamos a sério o ditado de que você é a média das 5 pessoas com quem convive. Por isso queremos ali pessoas alinhadas para puxar todos para cima. Nós mensalmente marcamos um pôquer entre os empreendedores – o jogo é apenas uma desculpa para nos reunirmos. No encontro vão as pessoas do grupo e alguns convidados. Sempre buscamos nos divertir, mas também trocar experiência e aprendiza-

O ser humano não faz nada sozinho

do. Tudo que falamos, aplicamos nos nossos negócios, e essa troca nos permite ter bons resultados e também evitar muitas situações que um ou outro já tenha passado.

Uma das lições das minhas palestras é que muitas vezes aprendemos mais do que estamos ensinando ali. Cansei de ter ideias durante palestras ou na preparação para elas.

Percebo que somos uma geração de propósito, que riqueza é liberdade, e não ter um império bilionário. Estamos na famosa "era do intangível". Se você conseguir influenciar 1 milhão de pessoas é mais poderoso do que ter 1 milhão de produtos. Hoje, tudo o que dá certo é feito em conjunto, é feito de pessoas mais do que de matéria-prima. O Tallis, inclusive, no Gestão 4.0 – projeto que desenvolvemos juntos com o Bruno Nardon para oferecer, em um fim de semana, uma imersão sobre o novo jeito de fazer gestão, as ferramentas e metodologias que regem os negócios que inovam e são disruptivos –, tem uma frase na qual acredito muito sobre gestão de equipes: "Você precisa fugir do babaca brilhante". Esse conceito vem da Netflix, e o Tallis explica bem: não importa o quanto uma pessoa é gênio; se for uma babaca, que desestabiliza a equipe, que só pensa em meta, em vencer passando por cima dos outros, ela não vale a pena para o seu grupo ou sua empresa. Nós nos esforçamos na VTEX, no Gestão, em todos os lugares para criar um ecossistema de cooperação, sem pessoas que desestabilizem o grupo, porque o grupo é sempre muito importante. O ser humano não faz nada sozinho.

CRIAR, CRESCER E COMPARTILHAR

Aprendi, muitas vezes a duras penas, que o sucesso não vai depender de investimento ou tecnologia. Ele só depende de você. Você vai ter que ir à luta o tempo todo, principalmente quando não tiver garantia nenhuma de que aquilo vai dar certo. Desde o colégio eu sempre olhei aquelas palestras que a escola organizava e ficava impressionado com os profissionais que iam lá apresentar suas profissões e contar o que faziam e como funcionava o mercado. Aquilo sempre me chamava muita atenção. Desde

> A vida é a reação das suas ações. Estar em movimento gera novas oportunidades

aquela época, eu era supercomunicativo e sempre que viajava ou entrava em uma nova turma fazia amizades e acabava puxando muito o protagonismo nos grupos com palhaçadas, histórias etc. A parte engraçada é que, quando eu precisava falar na frente de um público ou apresentar trabalhos em grupo, eu ficava muito nervoso e muitas vezes não me saía tão bem, embora aquilo fosse ao mesmo tempo muito estimulante, pois eu sabia que falar para outras pessoas era algo que precisaria desenvolver, que seria importante para mim.

Até que um dia, muitos anos depois, estava no eShow e houve um cancelamento de um dos palestrantes do CicloMPE. Um dos parceiros da XTECH COMMERCE, o Elias Júnior, falou: "Ah, o Alfredo tem uma palestra sobre ao assunto". Eu, como bom vendedor, confirmei (claro que não tinha, mas isso era fácil de resolver). Ali foi marcada a minha primeira palestra em Rondonópolis.

Não dormi naquele dia. Estava pronto para entrar no palco em Rondonópolis para umas 120 pessoas. De tão nervoso, acho que a palestra saiu no máximo uma nota 7 (ainda mais porque fui para a piscina do hotel antes na tentativa de me acalmar e apareci na palestra todo queimado. Coisas que a gente faz por inexperiência). Porém, o Fernando Ricci me disse que aconteceriam outros 8 eventos naquele ano e perguntou se eu estava a fim de seguir com eles. Vi ali um sonho pessoal, uma oportunidade para a nossa empresa expandir pelo Brasil. Depois, as palestras efetivamente se tornaram uma das grandes sacadas de marketing da XTECH COMMERCE. A lição que tive naquele momento foi que a vida é uma reação de todas as suas ações. Estar em movimento gera novas oportunidades, enquanto ficar em casa ou no escritório não vai atrair novas oportunidades e mudanças.

O Alfredo da Tijuca a partir dessas palestras começou a ter uma visão do país. A XTECH COMMERCE havia crescido e ganhado relevância nacional, e cada dia eu ganhava confiança e alinhava meu conteúdo para atender melhor às pessoas e ainda conseguir oportunidades para o negócio. A demanda por palestras aumentou, e eu aceitei os convites, acreditando no poder da viralização daquele conhecimento sem fazer palestras comerciais, mas sim falando de mercado, com a intenção de ganhar autoridade e confiança de quem estava no momento de empreender.

Em 2017, Rafael Ribeiro, da ABS, resolveu me chamar para palestrar no Case, maior evento de startups da América Latina, e contar a minha história, que naquele momento já estava consolidada no universo do e-commerce, mas não no ecossistema de startup e como palestrante. Quando cheguei e vi que a plateia era de 1.500 pessoas quase caí para trás, fui tomado por um nervosismo gigante. Logo que entrei no palco, me senti bem, a plateia realmente passou uma energia muito boa e tudo foi incrível. Depois desse evento, passei a receber convites de empresas, associações e outros contratantes, e comecei a ver não só a oportunidade de gerar mais negócio para XTECH COMMERCE e VTEX, como também aprender com o público e produzir nova receita como um bom empreendedor.

Desse movimento surgiu também o lado de influenciador digital com a criação de conteúdo para as redes sociais, algo que acabou vindo da demanda de quem assistia às palestras. Esse trabalho gera mais de 500 oportunidades de negócios, como criação de loja ou contratação de soluções por mês por meio das minhas redes. Como um cara de canais e marqueteiro, eu transformei isso em um canal de vendas e monetização. Hoje tenho 11 marcas que me patrocinam como influenciador e palestrante para criar conteúdo e ser embaixador delas. Essa técnica aplico com outras autoridades que se transformaram em canais de vendas para XTECH COMMERCE. Eu fui a primeira cobaia, e tudo nasceu de uma pergunta: já que não tenho cachê, como faço para monetizar?

A mesma pergunta que faço a você agora: quais recursos você tem e que podem ser aproveitados para elevar a sua monetização? Quais canais você pode transformar em vendas?

NÃO É SOBRE O DESTINO, É SOBRE A JORNADA

Essa é uma expressão que a gente sempre ouve falar e que é muito verdadeira. Eu não considero que atingi tudo o que queria. Ainda existe tanta coisa para buscar, tantos negócios, tanta inovação. A jornada é longa, mas ela é a melhor parte. O caminho entre XTECH COMMERCE e Head Global SMB da VTEX, diretor da LOJA INTEGRADA e embaixador do BORA VENDER, é a prova de uma grande reviravolta. A XTECH e a LOJA INTEGRADA travaram uma concorrência grande por anos, eu, o fundador da LOJA INTEGRADA e os times mal nos falávamos. Eu evitava falar "BORA" em eventos para não estimular a marca da LOJA INTEGRADA, e tudo por conta da camiseta que eles tinham que nasceu em um grupo de Facebook. Brinco que a minha história parece a de alguém que joga uma Copa do Mundo pelo Brasil e, de repente, na próxima aparece jogando pela Argentina.

> Para poder se jogar de cabeça, é preciso ter clareza dos seus valores e prioridades

> Sem sombra de dúvidas, nosso maior concorrente é nossa mente

Contudo, acredito que não se trata de onde chegamos, mas da jornada que vivemos, por isso precisamos ser intensos. Para poder se jogar de cabeça, é preciso ter clareza dos seus valores e prioridades. Estar focado em **ser** e não em **ter**, ser autêntico e, principalmente, estar disposto a assumir riscos. Os momentos ruins acontecem para todos nós, em qualquer posição ou período da vida. Não adianta ser inteligente sem ter atitude, e o maior desafio no final é interno, é você estruturar o *mindset* certo, a clareza, a disposição para executar sem procrastinar ou desviar a atenção. Sem sombra de dúvidas nosso maior concorrente é nossa mente, por isso é preciso se alimentar de conhecimento, de convivência com quem quer as mesmas coisas que você e tomar decisões que não gerem mais ansiedade. Neste livro, tudo o que falo sobre foco, valores e plano de ação são as coisas que eu gostaria que alguém tivesse me dito para evitar muitos erros e muitas perdas que tive na trajetória de empreendedor.

Construir um sonho nunca vai ser fácil, porque nada que vale a pena acontece fácil ou de forma estável. Por esse motivo, você vai precisar buscar ser a sua melhor versão o tempo todo, esqueça a história de ser o melhor do mundo e seja o seu melhor. Representar a LOJA INTEGRADA, o BORA VENDER mostra que é preciso manter sempre as portas abertas, ser competitivo com ética, ser agressivo com respeito. O mais importante é construir seu networking e legado, colocar quem você é naquilo que faz.

Nas palavras do Mariano durante uma entrevista para fazer este livro: "O estilo de trabalho do Alfredo é muito difícil de colocar em um livro e dizer que vai dar certo. Se ele fosse um *business plan* ninguém compraria. Mas tem algo maior que faz ele ser a pessoa querida que é. Simplesmente ser obcecado por fazer algo melhor. Não sossega enquanto não busca o melhor".

Você pode ser um *business plan* que não está completo se souber buscar sempre ser o seu melhor, com foco em execução e procurando os sócios e mentores que permitem que você chegue lá como aliado complementar. Eu não teria feito nada sem a serenidade e as capacidades técnicas do Ricardo e do Jordão. Sem um toque do Amure, do Mariano, do Tallis. Você não precisa ter vindo de uma base acadêmica de primeira linha, ou mesmo social, cultural, para desenvolver esse sentimento de buscar o melhor, pois basta ter a atitude de que vai efetivamente melhorar a cada dia. Sem olhar para o lado, para quem está ao seu redor, sem se preocupar com quem está indo melhor do que você. Simplesmente se preocupe com quem o complementa como profissional e siga obstinado, tudo vai dar certo.

O Mariano diz que eu sou o cara mais desorganizado que ele conhece, mas isso não me impediu de criar a XTECH COMMERCE, porque eu tive os parceiros certos e a atitude de sempre melhorar. Quem diria que em 2015 eu me juntaria à maior empresa da América Latina? Quando aparece alguma missão impossível na

VTEX, o Mariano brinca que vai colocá-la na minha mão. Não sabe se vou resolver, mas sabe que pelo menos eu serei muito criativo para chegar perto de conseguir, isso com certeza. Essa é uma atitude de quem aprendeu a sobreviver diante de muita crise – financeira, familiar, societária. Hoje, diante do que vem à frente, fica sob minha responsabilidade criar as crises para gerar as oportunidades.

Vender a empresa, como aconteceu com a XTECH COMMERCE, faz parecer que depois desse ponto estávamos com a vida ganha. Quando foram finalizadas todas as partes burocráticas da negociação, tivemos aquele momento de consultar o banco, que as pessoas que já venderam uma empresa me diziam e eu não acreditava: em um segundo passa a história inteira da sua vida na sua cabeça.

Eu estava tão feliz, era um sonho realizado, como se fosse uma competição, como nos tempos de polo aquático. Então foi como se tivesse conseguido uma vitória, conquistado um título. No entanto, em seguida vem outra temporada, tem tudo de novo. O desafio só começou depois disso. Quando cheguei à VTEX, existia um desafio imenso de integrar o time, alinhar o meu propósito ao da empresa e ao das pessoas que iam me ajudar a fazer crescer aquela operação. Embora muita gente me conhecesse do mercado, meu time sempre me viu como um concorrente mega-agressivo. Então precisava muito construir um relacionamento com eles, ganhar credibilidade, começar tudo do zero, precisávamos confiar uns nos outros. Foi um desafio muito grande que durou quase seis meses até conseguirmos estar 100% alinhados. Contudo, foi muito legal, muito recompensador, porque após esse tempo nosso relacionamento é de lealdade e transparência. É isso que constrói uma cultura. Você precisa ter o objetivo de alinhar o propósito das pessoas com o da empresa, porque a inovação vem de baixo, ela dificilmente vem do topo da pirâmide. Tudo que eu aprendo faço questão de passar para o time imediatamente, é minha obrigação, pois são eles que vão transformar aquilo em inovação. E para dividir informações você tem que confiar nas pessoas.

O que faz uma empresa são pessoas, não canso de repetir. Precisamos ter confiança até para a equipe saber que pode errar, pois isso vai se transformar em valor para o negócio.

Toda sexta fazemos na VTEX o Demo Friday: são 10 espaços de 10 minutos para qualquer funcionário da empresa apresentar algo interessante que aprendeu, uma lição, uma iniciativa que desenvolveu. É um momento de protagonismo e liberdade. Aprendemos uns com os outros a ser resilientes, a tentar o objetivo de outra forma se a primeira não deu certo. Todo mundo tem a liberdade de errar, mas a obrigação de trazer uma lição para o grupo. Aos poucos, criamos engajamento na VTEX. Trabalhando a incerteza das coisas, as ansiedades, as mudanças, conseguimos amadurecer e isso elevou a empresa a outro patamar. Sou o reflexo do meu time.

Nesse caminho renunciei a muita coisa. Acho que a principal questão do empreendedor são as escolhas, as decisões, as renúncias que faz. Conforme seu negócio vai ficando maior, você efetivamente começa a trabalhar menos, mas precisa tomar decisões que consomem muito mais energia, tempo e risco. A cada 10 coisas das quais você abre mão, sai uma vitória (ou meia vitória). É preciso ser resiliente, ter um plano de ação, clareza de onde você quer chegar, ou em momentos assim será difícil se manter no foco.

É difícil continuar no caminho. Para conseguir construir cada elo da melhor forma possível e traçar a história até aqui, você tem que fazer escolhas e aceitar o que deve ir embora. E sei que daqui para a frente não vai ser diferente, não vai ser o dinheiro ou uma empresa maior e mais recursos que vão mudar isso. O trabalho precisa continuar.

O desafio da VTEX me faz acordar com energia todos os dias, é um momento de decisão, mas de muita felicidade. Hoje estamos em busca de internacionalizar o negócio. Acho que esse é o meu próximo nível, que vai me fazer encarar uma das minhas maiores dificuldades como ser humano, que é aprender idiomas. Tenho zero ego de assumir que devo ser o único *head global* de uma empresa de tecnologia que não fala inglês, e isso é algo que vou trabalhar para mudar todos os dias. Do mesmo jeito que temos feito até aqui neste livro: executando, executando, executando. Todo dia um pouco, todo dia mais um passo.

Almejo um futuro no qual consiga entender o mundo de negócios de forma global. Internacionalizar o produto e internacionalizar a empresa. Imagina que aventura? São meus próximos desafios como empreendedor – e existe sempre um próximo desafio, um próximo sonho. O que eu mais gosto de fazer e, se depender de mim, nunca quero parar, é conectar e influenciar as pessoas na direção do próximo sonho delas. Se só 0,1% das vidas das pessoas for tocada por algo que eu falei ou ensinei, já valeu muito a pena. Mesmo que dali só saia uma pequena parcela empreendedora, saber que ajudei alguém a ter sucesso ou a encontrar a felicidade de fazer o que gosta é a minha definição de sucesso. E o sucesso é esse patamar que exige trabalho contínuo, diário, incansável. Sempre escuto: "Ah, que legal, você tem uma história de sucesso". Mas a verdade é que não. Eu tenho uma história que teve um momento de sucesso. Até aqui foi um momento. Agora, eu preciso continuar para que seja uma história inteira de sucesso. Para mim, isso será possível continuando a colocar em prática a pirâmide do sucesso:

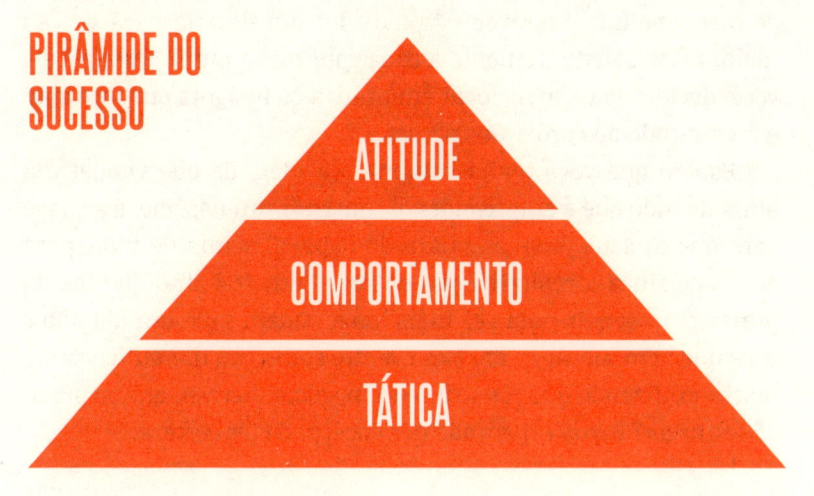

PIRÂMIDE DO SUCESSO

- ATITUDE
- COMPORTAMENTO
- TÁTICA

QUAL É O SEU PRÓXIMO PASSO?

É essa pergunta que quero deixar para você. Ao chegar até aqui, sei que a vontade de realizar é uma das maiores forças agindo em você, portanto, arregace as mangas, encare o que precisa ser feito e assuma o risco de ser protagonista. Este livro inteiro é dedicado a você, que está construindo um negócio, uma meta, um objetivo, porque eu acredito que você precisa saber que eu não era nenhum gênio, mas a atitude fez toda a diferença. Pare de dar desculpas que não é vendedor, que você é técnico, ou que não acredita que dá para fazer um negócio sem investidor. Todas as suas ações são vendas e, acima de tudo, execução. Um passo de cada vez, um telefonema de cada vez, sem parar, sem descansar. De passo em passo, cada um chega aonde precisa chegar no seu tempo. Para mim demorou doze anos, para outros demora vinte, ou dois, tudo depende do seu tempo. A questão principal é: depois que você fizer algo pela primeira vez, essa mesma conquista pode ser alcançada muito mais rápido. O primeiro milhão que demorou dez anos para vir, depois de conquistado passa a demorar um, dois anos. Porque você vai se tornando essa versão mais rápida, melhor e mais eficiente de si mesmo. Então pare de atrasar o surgimento dessa versão. Levante da cadeira agora e mate aquele primeiro item da lista, a primeira pendência para a qual você está olhando há dias.

A cada dia temos uma nova oportunidade de fazer diferente, de fazer melhor. Escrever este livro foi um desafio para que eu melhorasse constantemente a cada capítulo. A outra parte cabe a você: decidir avançar, colocar em prática os insights que teve aqui e ir com tudo aos próximos passos.

Espero que você tenha comprado a ideia de que vender é a alma de tudo que é empreender; é construir um negócio, é a chave para que os seus projetos saiam do papel e, acima de tudo, para que você sinta a realização de entregar um trabalho que lhe dá prazer para seguir cada vez mais longe. Quem sabe um dia não é você que vem até mim em um evento, como um dia eu fiz com o Mariano, dizendo que construiu um negócio incrível, que eu preciso conhecer? Estou esperando por você, pode ter certeza.

Tamo junto!
BORA AGIR, BORA ENCANTAR, #BORAVENDER!!!

ALFREDO SOARES
EMPREENDEDOR COMO VOCÊ

#BORAVENDER
Hoje em dia, ter clareza nas suas ideias é ter poder.

@lucianohuck
@alfredosoares @boravender

#BORAFAZER

Escreva os top 5 insights que você teve durante a leitura desse capítulo e faça o seu plano de ação

1.
2.
3.
4.
5.

PLANO DE AÇÃO

O QUÊ?

_____
_____
_____
_____
_____
_____
_____
_____

POR QUÊ?

_____
_____
_____
_____
_____
_____
_____
_____

COMO?

_____
_____
_____
_____
_____
_____
_____

QUANDO?

_____
_____
_____
_____
_____
_____
_____

BÔNUS:
GUIA PARA MONTAR SUA LOJA VIRTUAL DE SUCESSO

**POR ALFREDO SOARES
E BRUNO DE OLIVEIRA**

Montei esse guia em parceria com o Bruno Oliveira, um dos maiores especialistas em e-commerce, criador do Ecommerce na Prática, escola para aqueles que querem empreender com venda on-line. Ele existe para você que está pensando em abrir um e-commerce ou já tem um (e por isso me conhece e comprou este livro). O guia serve como um passo a passo para iniciar ou melhorar o negócio. Há muita coisa que é simples, efetiva, mas ninguém faz, e acredito que aqui é uma boa chance de já passar informações que vão subir a sua empresa de nível.

Toda a minha gratidão ao Bruno, que forneceu material de alto valor para este bônus. No momento em que este livro é escrito, ele tem 34 anos e é empreendedor desde os 16, quando iniciou sozinho um negócio vendendo as peças do próprio computador em um site chamado Arremate.com.

De lá para cá, o Bruno desenvolveu negócios líderes de mercado no segmento de varejo, suprimentos e educação, tornando-se referência para mim e para muita gente. Nós nos conhecemos em 2015, na época em que eu estava iniciando a XTECH COMMERCE e o Bruno, o Ecommerce na Prática. Tivemos uma conexão rápida e nos tornamos muito amigos. Lembro que frequentemente em nossos almoços passávamos muito tempo falando sobre os planos mirabolantes que tínhamos para nossas empresas, que na verdade nem eram tão mirabolantes assim, já que tudo se tornou realidade. Como o próprio Bruno me escreveu: "Não foi coincidência, foi determinação, foi comprometimento, foi 'meter a cara', foi ousadia e muito mais, tanto da minha parte quanto da sua. Só nós sabemos do que tivemos que abrir mão, o que precisamos enfrentar para chegar até aqui. Só que entre esses desafios tem muitas recompensas, uma delas são as pessoas que a gente conhece, ou seja, as conexões que a gente cria nesse mundo dos negócios".

Existe um caso interessante que nos aconteceu. Em maio de 2016, o Bruno estava em São Paulo, participando do VTEX DAY, evento no qual palestrou no palco Fórum Empreendedor Digital organizado pela LOJA INTEGRADA. Na época, eu era o protagonista e CEO da XTECH COMMERCE, principal concorrente da LOJA INTEGRADA – e a nossa concorrência não era pacífica por questões estratégicas (mas essa história você já conhece).

O Bruno me cadastrou no evento como convidado dele e pude participar das áreas comuns. Eu fui com tanta vontade para lá que a sensação era de que estava presente nos quatro cantos do evento naquele ano. Ao término, haveria uma festa com a cúpula da VTEX, e o Bruno sabia que eu precisava participar daquela festa (amigo é amigo). Ele conta que não tinha dúvida de que eu faria muitas conexões e conseguiria conversar com quem precisasse e rapidamente poderia cair nas graças da empresa. Ele, então, arrancou a pulseira VIP que tinha no pulso e me entregou! Abriu mão de ir à festa e me deu um único conselho: "Cara, faz as pazes com quem precisar e se conecta a esses caras. Chega de concorrência".

Um ano depois, na edição seguinte do VTEX DAY, estavam anunciando a compra da XTECH COMMERCE pela VTEX. Era a concretização dos planos mirabolantes que havíamos traçado alguns anos antes durante alguns almoços. O Bruno é, sem dúvida, um dos caras mais incríveis que eu tive a oportunidade de conhecer nesses últimos anos e para mim é uma honra poder chamá-lo de amigo e contar com ele para o conteúdo do final deste livro. Quando ele enviou este material, esse parágrafo era dele sobre mim. Mas fiz questão de reescrever e deixar claro que, na verdade, a honra é toda minha.

E agora vamos ao que interessa.

O QUE VOCÊ PRECISA PARA TER UM E-COMMERCE DE SUCESSO?

O mercado de e-commerce vem crescendo dois dígitos percentuais ao ano, desde que surgiram os primeiros negócios do tipo no Brasil. Olhando para fora do país, o cenário não muda: Estados Unidos, Europa, China, Índia, México dentre vários outros mercados vivem expansões aceleradas desse segmento. E o que é mais incrível: aqui esses números só tendem a acelerar nos próximos anos. A grande maioria dos brasileiros (74%) nunca comprou on-line (ainda).[12] Esse percentual vem caindo nos últimos anos. Se você vem analisando a possibilidade de vender pela internet, pare de esperar, pois a espera nesse caso não é nada estratégica. O momento para você iniciar o seu negócio não é daqui a cinco anos, não é daqui a dez anos, é agora!

Estamos falando de um mercado extremamente maduro em termos de ferramentas de trabalho e facilidades, em termos de fornecedores e facilidade de comunicação e clientes em potencial. Porém, apesar de maduro, ainda está longe do ponto de estabilização. O momento de aproveitar esse crescimento é agora, não faz sentido deixar para o ano que vem. Queremos que você inicie seu planejamento agora.

Além do aumento no número de consumidores on-line, outro ponto que precisamos considerar é a participação do e-commerce no varejo geral no Brasil. As vendas on-line ainda correspondem a algo entre 3,5% a 4% do total do varejo no Brasil. Não há dúvidas de que o varejo em si continuará crescendo nos próximos anos. É um movimento natural, a população aumenta e com isso o consumo cresce também. É o que movimenta nossa economia. O ponto a que eu quero chegar é que a participação das vendas pela internet não ficará nesse patamar de 3,5% a 4% em um curto período de tempo. Se olharmos novamente para fora do Brasil, vemos 14% das compras sendo feitas pela internet nos Estados Unidos. Na China, 21%; e, na Índia, 17% do varejo são e-commerce. Na Europa, essa estatística gira em torno de 13%.

---

12   EBC. **Pesquisa da CNI indica que 74% dos brasileiros nunca compraram pela internet.** Disponível em: <http://www.ebc.com.br/noticias/economia/2015/03/pesquisa-da-cni-indica-que-74-dos-brasileiros-nunca-compraram-pela>. Acesso em: 22 abr. 2019.

É inevitável que o Brasil atinja números como esses nos próximos anos.[13]

A previsão do Bruno Oliveira é que o e-commerce vai atingir, em alguns poucos anos, em torno de 10% de representação do varejo brasileiro. É com base nisso que dizemos que o e-commerce tem potencial de dobrar ou triplicar de tamanho nos próximos dez anos no Brasil. Não é muito difícil afirmar isso. Se olharmos o faturamento de cinco anos atrás divulgado pelo E-bit, vemos que já dobramos de tamanho no período.

Você precisa saber que o momento é agora. Se você está lendo este livro e possui um varejo físico ou planeja montar uma loja física, não tem problema algum, não precisa se desesperar. O varejo físico sempre terá seu espaço no mundo. Mas o fato é: as lojas que terão sucesso no varejo físico são aquelas que também estarão na internet. Todo varejista precisará estar on-line porque o seu consumidor estará nesse ambiente.

Talvez você tenha medo. Caso você tenha sentido, nos últimos dias, semanas ou meses, uma sensação de ansiedade, insegurança ou receio que lhe impede de começar um novo projeto, saiba que o medo de empreender é muito comum, mas vencê-lo é parte do seu caminho para o sucesso. Há uma frase do fundador da Amazon, Jeff Bezos, que diz: "Se você tem medo de ser criticado, não crie nada novo". Poucas afirmações encaixam-se tão bem na vida de pequenos empreendedores que lutam contra seus medos e inseguranças diariamente.

Não tenho dúvidas de que, colocando os conhecimentos deste livro em prática, você criará um negócio com 90% de chances de sucesso. Portanto, se você se comprometer comigo a não desistir, vou mais além e garanto que você terá 100% de chances de sucesso com essa estratégia, afinal, não se trata de "fazer para dar certo".

Eu quero que você faça o que tem de ser feito até dar certo.

---

13   STATISTA. **E-commerce share of total global retail sales from 2015 to 2021.** *Disponível em:* <https://www.statista.com/statistics/534123/e-commerce-share-of-retail-sales-worldwide/>. *Acesso em: 22 abr. 2019.*

Compartilhamos com você agora um checklist completo para facilitar a sua vida e ajudar a implementar as ações necessárias para iniciar um negócio de venda pela internet.

1. PROPÓSITO

Seu negócio vai mudar o mundo? Vai melhorar a vida de outras pessoas? Vai proporcionar mais performance? Qual é o real objetivo desse negócio?

Reconheço que essa missão é profunda e complexa, mas de forma alguma pode ser ignorada, afinal é esse propósito que manterá você focado e obstinado na realização das metas, dos objetivos e principalmente na superação dos desafios que, você já sabe, serão muitos.

Negócios com propósito forte costumam também atrair pessoas incríveis para o trabalho. Se você quer ter pessoas excelentes junto nessa jornada, dedique um tempo para refletir e encontrar o que o move, o que o faz pensar nesse negócio o tempo todo, o que o faz querer ir além nesse negócio.

Elon Musk tem o propósito de habitar Marte, o Planeta Vermelho. Pode parecer um propósito maluco, mas, quando ele diz isso, outros "malucos" que pensam em como o mundo seria se isso acontecesse também se sentem motivados e querem se juntar a ele, remar junto esse barco, quer dizer... nave.

Pare agora e reflita. O que move você?

2. VALORES

Parece ser o mesmo que propósito, mas não é. Eu diria que é algo complementar. Valores ou até princípios são as condições inegociáveis da sua futura empresa.

Negócios com valores reais e alinhados com o propósito também têm facilidade de atrair mais talentos. Pessoas que estejam alinhadas com eles e que acreditam que trabalho, desempenho e resultados são coisas incríveis, porém não podem nem devem ser atingidos "a qualquer preço" ou "passando por cima de tudo".

Em momentos de problemas políticos e judiciais com alguma das maiores empresas do Brasil, esse tema não pode ser ignorado.

Sua empresa está disposta a atingir o sucesso a todo custo? Corrupção, suborno, concorrência desleal, desrespeito com o cliente?

Eu acredito que não. Construir uma empresa de sucesso é uma dádiva, é um poder que implica certas responsabilidades.

Agora reflita, quais valores ou princípios são inegociáveis para você? Escolha pelo menos 5 e estampe isso na parede e no dia a dia da sua empresa.

3. PLANEJAR O NEGÓCIO

Seu negócio precisa de um miniplanejamento. Comece avaliando suas ideias e potenciais nichos de mercado que você imagina explorar.

Desenhe essa etapa do negócio respondendo a 3 perguntas:

1. *O que você pretende vender?* Seu nicho de mercado
2. *Para quem você pretende vender?* Seu público-alvo/persona
3. *Quem vai fornecer o necessário para entregar seu produto ou serviço?* Mapeamento de fornecedores em potencial

Acredite, essas 3 respostas aparentemente simples lhe darão uma visão diferente do futuro do seu negócio.

Com base no mercado escolhido, você precisa mapear seus concorrentes diretos e indiretos, afinal é com eles que você estará disputando a atenção do seu cliente em potencial. Procure avaliar os pontos fortes e fracos, além dos grandes diferenciais de cada concorrente. Fazendo isso encontrará oportunidades interessantes e, até mesmo, brechas de atuação no mercado.

4. NOME DA EMPRESA

Sua empresa precisa agora de um nome que represente sua ideia, seus diferenciais e a mensagem que você pretende passar ao mercado.

Confesso que essa etapa pode ser complicada, recomendo não perder muito tempo com ela. Um exercício interessante é reunir algumas pessoas, como amigos, seu time, alguns clientes em potencial e fazer um *brainstorming* para lançar algumas ideias de nomes. Escolha as 3 melhores e com isso siga em frente.

Antes da decisão final, você ainda precisa checar se existe domínio disponível na internet e se existe marca registrada no INPI. Se não houver disponibilidade, passe para o próximo da lista.

Caso haja um impasse de ideias, pode ser uma saída contratar uma agência para estudar seu mercado e desenhar um projeto de *naming* para seu negócio.

5. DOMÍNIO PRÓPRIO

O nome escolhido agora precisa se tornar o endereço da sua empresa na internet e para isso você precisa registrar o domínio. Recomendo registrar os domínios .com.br e .com, deixando o site funcionar no .com.br oficialmente e redirecionando o .com para o .com.br. Caso queira fazer o contrário também pode, não há problema algum.

Se você tiver dificuldades com esse tipo de configuração, contrate um profissional, ele resolverá a questão em apenas alguns minutos.

6. E-MAIL PROFISSIONAL

Nada como se comunicar com seus clientes com um e-mail profissional @suamarca.com.br. Após seu domínio registrado, você deverá criar um e-mail e assim começar a fazer contatos e cadastros utilizando seu e-mail oficial.

7. TELEFONE E WHATSAPP

Assim como o e-mail profissional, é importante ter um número oficial para não tumultuar seu WhatsApp pessoal com mensagens de clientes e fornecedores.

Telefones fixos estão obsoletos, mas ainda fazem sentido no varejo. Você se surpreenderá com a quantidade de clientes que ainda liga para o fixo, com o objetivo de tirar dúvidas, muitos com objetivo único de verificar se a empresa realmente existe.

Além do fixo, consiga uma linha de celular para a empresa, com um WhatsApp exclusivo, afinal essa ferramenta será uma grande aliada de agora em diante.

8. IDENTIDADE VISUAL

Sua empresa precisa ganhar "uma cara": um logotipo profissional e uma identidade visual completa irão fazer esse papel.

Peça ajuda a alguns amigos designers ou contrate uma agência especializada para executar essa tarefa com base no nome da empresa, no nicho de mercado, no propósito e nos valores. O logotipo e a identidade visual precisam representar tudo isso.

9. REDES SOCIAIS

Não existe como ficar de fora dos espaços em que seu público está. Construir audiência relevante, produzir conteúdo de valor e se preocupar com o engajamento do seu público nos seus canais é um item indispensável.

10. MONTAR O TIME

No seu lugar agora, eu pegaria os ensinamentos deste livro e #BORAVENDER, porém não ainda vender produtos. Eu partiria para vender a minha ideia de negócio para outros malucos como eu, que estejam dispostos a comprar a ideia e vir junto comigo nessa jornada.

Quando eu digo montar equipe, falo de contratar seus primeiros colaboradores ou até mesmo convidar outras pessoas brilhantes para serem seus sócios no negócio. Imagine ter outra ou outras pessoas altamente capazes e realizadoras como você na construção desse negócio?

Imagine o quanto mais fácil seria essa jornada?

11. LEGALIZAÇÃO

Com quase tudo pronto, é necessário legalizar o negócio. Vá atrás de um CNPJ, conta no banco, um contador e o que for necessário para o e-commerce do porte que você escolheu.

12. MÍNIMO PRODUTO VIÁVEL (MVP)

Conforme já abordamos no capítulo 2, o Mínimo Produto Viável é um piloto. É fazer o modelo mínimo do seu negócio para testar com o cliente. Mas lembre-se de algo que o Tallis Gomes fala sempre: "MVP não é o produto mal-acabado ou colocar qualquer coisa na rua. Ele é o *core* do negócio". Para montar um MVP eficiente você precisa se perguntar: "O que eu faço?". Então, faça um protótipo 100% focado no problema do seu cliente, não comece pela solução, e sim pelo problema.

13. MONTAR SUA LOJA VIRTUAL

Escolha uma plataforma para criar sua loja virtual. Não estou aqui para falar qual é a melhor plataforma para você e seu negócio.

Como bom vendedor, vou deixar uma dica valiosa: crie sua loja grátis usando a plataforma da Loja Integrada.

Um bom vendedor não pode perder uma oportunidade nem ter vergonha.

Agora, o mais importante nesse momento é você não gastar todo seu dinheiro para ter a foto mais perfeita do seu produto. Lembre-se: há concorrentes vendendo com fotos tiradas do celular pela rede social. Não espere cadastrar todos os produtos para lançar sua loja e deixá-la on-line.

Na hora de tomar a decisão sobre qual plataforma você vai escolher, pense no curto e médio prazos. Não foque agora naquilo que você imagina ser o mais indicado para o seu negócio, mas ainda não tem time nem dinheiro para realizar. Comece do básico. Tenha dados e vá evoluindo.

14. USE OS GIGANTES A SEU FAVOR

Você não precisa competir com os gigantes do e-commerce para ter sucesso, pelo contrário, poderá usar o poder deles a seu favor.

Estude se os marketplaces são interessantes para o seu negócio. O marketplace é um grande shopping on-line, do qual você pode aproveitar o grande volume de tráfego para fazer vendas. Para isso, a sua oferta precisa ser competitiva e estar de acordo com a demanda do marketplace.

15. FUJA DOS ERROS FATAIS

Procure não cometer alguns dos maiores erros cometidos pelos e-commerces que fracassam:

a) Acreditar que e-commerce é simplesmente uma lojinha na internet.

b) Focar no produto, em vez de focar na sua audiência.

c) Ignorar a divulgação do seu e-commerce.

16. PROFISSIONALIZE-SE

Depois da fase inicial, seu e-commerce só vai crescer se você se profissionalizar. Estude muito, monte uma equipe capacitada e delegue funções operacionais. Esteja sempre antenado a novas alternativas e soluções que possam otimizar seu tempo, para que você foque no que realmente importa para o negócio: estratégia!

17. PLANOS DE CONTINGÊNCIA

Problemas sempre surgirão e você não pode desanimar. Identifique possíveis problemas e gargalos do seu negócio (ter apenas um fornecedor, por exemplo) e crie **planos de contingência** para eles. Não corra o risco de ser pego desprevenido de modo que possa comprometer sua operação. Entretanto, alguns obstáculos são comuns na jornada de um novo negócio. A seguir, os 5 que considero mais comuns:

a) Dificuldade em encontrar canais diversificados de venda para o seu produto/serviço.

b) Taxas de conversão muito baixas, ou seja, os clientes em potencial visitam sua loja, mas não realizam a compra.

c) Falta de competitividade e diferenciais de mercado.

d) Frete caro, para aqueles que trabalham com produtos físicos.

e) Problemas no fluxo de caixa.

Esteja atento a essas 17 dicas e construa um negócio incrível, dentro de um mercado abundante e efervescente que é o e-commerce.

Agora, lembre-se do mais importante: não fique esperando vender pela internet, e sim use a internet para vender. Sua loja está pronta, leve-a até seu cliente ideal. Assim como no off-line, no digital a propaganda é a alma do negócio.

TENHO UM PRESENTE PARA VOCÊ

Agora que você viu tudo o que é necessário para ter uma loja virtual de sucesso e criar uma estratégia eficiente para alavancar suas vendas, preparei um presente para que você coloque tudo em prática.

Crie sua loja grátis por dois meses acessando o link:
alfredosoares.com.br/criesualoja

CHECKLIST PARA MONTAR A SUA LOJA VIRTUAL

ESTÁGIO DO NEGÓCIO: AINDA NA IDEIA

☐ Definir nome do negócio
☐ Abrir empresa MEI, Eirelli ou Simples
☐ Criar identidade visual (logo e favicon[14])
☐ Criar redes sociais da marca
☐ Ter um telefone comercial
☐ Visitar o site dos concorrentes
☐ Definir com clareza o público-alvo
(lembre-se do perfil do cliente ideal)
☐ Comprar domínio
☐ Criar e-mail profissional

---

14 *Ícone de favoritos.*

ESTÁGIO DO NEGÓCIO: JÁ TENHO UM NEGÓCIO

- [ ] Configurar domínio
- [ ] Escolher plataforma
- [ ] Montar mapa de categorias
- [ ] Tirar boas fotos dos produtos
- [ ] Precificar seus produtos de forma correta
- [ ] Cadastrar produtos com descrição
- [ ] Cadastrar forma de pagamento (sempre usar duas por segurança)
- [ ] Cadastrar forma de envio
- [ ] Customizar layout com a identidade visual
- [ ] Confirmar layout mobile
- [ ] Confirmar favicon
- [ ] Colocar banners na homepage
- [ ] Inserir informações institucionais no rodapé
- [ ] Conectar suas redes sociais à loja
- [ ] Criar páginas extras (quem somos, contatos, troca e devolução, como comprar etc.)
- [ ] Fazer uma compra teste
- [ ] Testar seu formulário de contato
- [ ] Cadastrar o Google Analytics
- [ ] Colocar opção de chat em tempo real
- [ ] Cadastrar ferramenta de avaliação
- [ ] Ativar o recuperador de carrinhos e boletos ativados

ESTÁGIO DO NEGÓCIO: RUMO À PRIMEIRA VENDA

☐ Divulgar o negócio para conhecidos
☐ Fazer posts nas redes sociais
☐ Postar sobre a loja em grupos e comunidades
☐ Enviar e-mail marketing para uma lista comunicando a chegada da loja
☐ Definir um marketplace para começar a vender (Mercado Livre e Buscapé têm menos burocracia)

Conheça mais sobre o Ecommerce na Prática em: alfredosoares.com.br/enp

Agora chega de conteúdo e #BORAVENDER!

#BORAVENDER

Não venda pela internet, use a internet para vender.

@alfredosoares @boravender

REFERÊNCIAS BIBLIOGRÁFICAS

DALIO, Ray. **Princípios**. 1 ed. Rio de Janeiro: Intrínseca, 2018. 592 p.

GOMES, Tallis. **Nada easy**: O passo a passo de como combinei gestão, inovação e criatividade para levar minha empresa a 35 países em 4 anos. 1 ed. São Paulo: Editora Gente, 2017. 192 p.

KOTLER, Philip; KELLER, Kevin Lane. **Administração de marketing**. 15 ed. São Paulo: Pearson Universidades, 2019. 896 p.

RACKHAM, Neil. **Alcançando excelência em vendas - Spin Selling:** Construindo relacionamentos de alto valor para seus clientes. 1 ed. São Paulo: Mbooks, 2008. 204 p.

RIES, Eric; SZLAK, Carlos. **A startup enxuta:** Como os empreendedores atuais utilizam a inovação contínua para criar empresas extremamente bem-sucedidas. 1 ed. São Paulo: LeYa, 2012. 288 p.

ROSS, Aaron; TYLER, Marylou. **Receita previsível:** Como implantar a metodologia revolucionária de vendas *outbound* que pode triplicar os resultados da sua empresa. 1 ed. São Paulo: Autêntica, 2017. 240 p.

SAMPAIO, Rafael. **Propaganda de A a Z:** Como usar a propaganda para construir marcas e empresas de sucesso. 4 ed. São Paulo: Elsevier, 2013. 312 p.

WEINBERG, Gabriel; MARES, Justin. **Traction:** How Any Startup Can Achieve Explosive Customer Growth. 1 ed. Nova Iorque: Portfolio, 2015. 240 p.

CONTEÚDOS EXTRAS

LISTA DE FERRAMENTAS
Separei para você a lista de ferramentas que eu e meu time utilizamos e recomendo nos negócios para alcançar resultados extraordinários. Separei cupons especiais para que você possa utilizar algumas delas. Acesse o link para ter acesso:
alfredosoares.com.br/ferramentas

PALESTRAS
Nesse link, criei uma página para que você possa assistir a algumas palestras minhas on-line e conhecer mais do meu conteúdo. Acesse o link:
alfredosoares.com.br/palestras
Ah, e se quiser me convidar para uma palestra, escreva para:
palestras@alfredosoares.com.br

MENTORIA
Para conhecer mais sobre o meu programa de mentoria, acesse o link:
alfredosoares.com.br/gestão40

VÍDEOS
Separei alguns dos melhores vídeos para que você possa conhecer mais do meu trabalho e ter acesso a mais conteúdo. Acesse o link e veja alguns materiais que preparei:
alfredosoares.com.br/vídeos

Quer ter acesso a mais conteúdo
e ficar por dentro das novidades?
Cadastre-se no meu site
alfredosoares.com.br
e me siga nas redes sociais para que
possamos continuar juntos.
@alfredosoares
Instagram | Youtube | Linkedin | Facebook

Este livro foi impresso pela Edições
Loyola em papel pólen bold 70g/m²
em agosto de 2024.